IN THE WORLD
ECONOMY:
THE ERA
OF
DISRUPTIVE
CHANGES

百年变局下的
中国经济

CHINA IN THE WORLD ECONOMY:
THE ERA OF DISRUPTIVE CHANGES

李稻葵　著

人民出版社

目 录

读懂世界

读懂中国经济

代　序

世界大变局：如何读懂世界，读懂中国经济？

读懂世界，必须看到百年未有之大变局的本质

　　大变局的本质是以中国为代表的新兴国家不断崛起，以美国为"领头羊"的西方国家的相对影响力在下降，无法延续过去百年来独自主导世界的能力。

　　西方国家相对影响力下降的直接后果是其政治越来越本土化、民粹化、草根化。为什么？因为西方精英派长期以来是国际秩序的主导者，而西方国际影响力下降导致草根派迁怒于精英派。以美国为例，2017 年上台的特朗普总统所代表的草根派，其根本诉求是重振美国经济和社会，尤其是美国的制造业，典型代表就是底特律这个曾经辉煌、如今衰败的城市。这是他的选票所在。而美国精英派的诉求更加侧重国际大局、意识形态，这与当下总统格格不入、水火不容。美国政治草根派于国内剑指精英派，借口是中国，口口声声称精英派对中国太软弱，出卖了美国利益。而精英派对中国也有不满，他们主要担

心中国的强大会搅乱美国精心营造起来的国际秩序。在国际问题上，这两派人的共同点，就是中国。这就是百年未有之大变局对中国的直接影响。

特别应该看到的是，这任总统所代表的草根派本质上并不关心意识形态，并不关心中国的国际作用，他们关心的就是美国本土蓝领阶层的就业和工资水平的提高！他们要恢复的就是美国过去的光荣孤立时期的经济繁荣和社会稳定，中国在他们的政治体系里面仅仅是一个外部矛盾，并非不可调和！

有这个判断之后，精准地把握美国以特朗普为代表的草根派的诉求，想方设法地让他们认识到中国经济的崛起应该有助于解决他们的经济病痛，包括积极扩大中国从美国进口汽车规模，重振底特律这类长期衰败地区的经济。应该说，中国政府与西方民粹派并不是没有合作空间的。

读懂中国，必须看到大变局下的中国不同于当年的日、苏、德

我们必须非常清楚地认识到，今天的中国，与当年的日本、苏联和德国是完全不可同日而语。

先看看今日的中国与当年的日本。以购买力平价计算的人均GDP，当年日本的经济发展水平已经达到了美国的 80％ 左右，而当今中国的经济发展水平仅为美国的 29％。作为赶超的大国经济，中国的发展潜力远比当年的日本大得多。而当年日本经济对美国的依

赖程度，按照对美出口占日本总出口的比例来算，远高于今天的中国经济（1990 年日本对美出口占总出口的 30% 左右，而 2018 年中国对美出口仅占总出口的 19.29%）。更重要的是，日本在军事、政治乃至整个体制上是完全依赖于美国的。日本的安全仰赖于两国的安保协议和驻日美军；日本战后的宪法，就是美军占领日本时军方律师所起草的。被美国人扯住命根子的日本人不可能据理力争，而只能按照美国人指出的路线硬性调整，因此步入了"失去的 20 年"。尽管在这 20 多年的低增长过程中，日本人民的实际生活似乎并没有很多人想象的那么糟，但不可否认，日本并没有延续当年全面赶超美国的态势，如今日本已经不再是国际政治经济领域美国看得上的竞争对手。

今天的中国与美苏争霸时期的苏联又完全不同。中国国内社会经济多元化发展，市场经济思维深入人心，民营经济规模远远大于国有经济，而当时苏联的社会经济体系单一僵化，几乎没有自由市场经济发展的空间。今天中国的经济与社会的活力和创造力，远不是当年苏联可比。而中国当前的意识形态，和国际主流意识形态有很大程度的一致性，包括推进生态文明建设、节能减排、应对气候变化、勇担海运护航、联合国维稳等国际责任、力挺全球化、积极参与国际组织运行、尊重各国现有政权、不玩政变和傀儡游戏。相反，而美苏之争时，苏联的战略目标是输出革命、颠覆不合意之外国政权。美苏意识形态几乎完全对立，水火不容。

今天的中国与美德竞争时的德国也完全不同。当年的德国是在旧的帝国思维支配之下马力全开，其基本思路就是通过一两场战争扩大

3

版图，从而扩大自己的长期利益。这个时代，总体上讲已经过去了。以色列作家、历史学家尤瓦尔·赫拉利在《今日简史》中明确说过，当今世界总体上讲，包括美国政府在内，已经放弃通过一两场战争来获得民族利益和国家发展的战略。比如，虽然以色列在军事上完全有能力消灭或兼并周边国家，但是这么做，对其而言并没有好处，反而会招致祸端。俄罗斯在克里米亚问题上并不是例外，俄罗斯并非简单诉之于武力、强取强夺克里米亚，美欧更没有针锋相对、以武制武。

特别需要看到的是，当今中美之间的经济、社会、人文方面的联系，远远超过当年的美日和美苏。当年日本经济极少有美国的大公司投资，外商直接投资占日本投资平均每年不到1%。而今天中国是美国几乎所有大公司的第一大市场，或者是第一大投资国。中国在美国的留学生远多于当年日本在美国读书的学生。中美之间的利益交融程度以及相互了解程度，远超当年的美日。特别值得注意的是，当代中国政府中在美国工作或学习过的决策者不在少数，这在当年以及今天的日本政府的决策层中极为少见，笔者长期观察发现，日本财政部与央行在美国留过学的人数非常少。因此，绝对不能把当年美日之争、美苏之争、美德之争的格局和结果简单照搬来分析当今世界。

中国绝不是当年的日苏德，绝不会重蹈覆辙！

应对大变局，必须做好自己的大事

最重要的是，必须清醒地意识到，中国如此巨大的文明古国，过去 40 多年的快速发展，绝非美国所赐，尽管中美真诚合作是助力器。做好自己才是根本！

中美贸易摩擦明白无误地告诉我们，中国经济发展，旧的思路已经行不通了。旧的思路是靠出口来弥补国内市场的不足，是靠吸引外资、让外资带来新的技术，这些思路在当前中美关系大格局下，已经是"此路不通"了，必须要有新的思路。

怎样有新的思路呢？那就要回归改革开放最基本的经验，做好自己的功课。三件大事必须搞对。

首先，重拾经济发展的激励。当前的问题是经济发展激励机制不畅，尤其是地方官员受约束很多，在经济问题上授权远远不足，巡视、监督、问责有余，正面激励远远不足，束手束脚。学文件学不出改革，实践和创新是真正的改革。我们应该恢复改革开放 40 多年以来地方政府以经济建设为中心、勇于探索，大胆创新改革，帮着企业谋发展的态势。同时也要给民营企业家明确的产权保护、明确的与国企、外企一视同仁的待遇；国有企业必须产权多元化，对管理者要有明确的授权，要建立现代企业制度，让国有企业真正作为面向市场的企业而不是面向上级的政府部门，落实国家"管资本，不管经营"的基本原则。

第二，社会层面的重大问题，包括教育、医疗、养老，不能完全推给市场，政府责任不可缺位。当前中国很多矛盾，已经不是简单的经济层面的，而是社会层面的，包括教育、医疗、养老等。这些矛盾，不能简单地用市场经济的办法来解决，政府责任不可缺位，必须精准地用公共管理政策与市场相结合的办法来解决。例如人口问题，需要从现在开始，完全放开计划生育政策，适当地鼓励生育，但是需要非常精准而柔性的公共政策。再比如教育问题，必须要强调义务教育阶段的政府主导，不能盲目引入民间资本。民间资本必然是以营利为导向的，以营利为导向的基础教育必然是照顾短期功效，这就会扭曲义务教育的目标：义务教育的根本目的是公平发展，所有受教育者都有同样的机会。高等教育也要强调长期的素质发展，而不是短期的学位获取。在养老问题上，必须要彻底改造现在的养老退休制度，增加养老退休的灵活性，同时辅之以各种各样的养老退休计划。

第三，在中美贸易摩擦的背景下，要更加强调对外开放、虚心学习的心态。对外开放的本质是学习，而不是简单地获得市场、资金或者技术。政府、企业、民众认真地学习一切外国的有益实践，这是经济进步、社会发展的根本。

首先要认真虚心地学习美国的法治精神。法治精神是美国最宝贵的特点。在美国，任何重大事件发生后，最终都会在法律层面寻求解决，美国联邦最高法院的判决就被认为是最终解决方案。这次美国草根派与精英派之争，双方都在法治层面上寻求解决，这方面中国必须学习，要把法治打造成基本的凝聚力。小到拆迁，大到国家政策，争议止于法院判决，这是我们最该向美国学习的地方。

另外，我们要学习日本精细管理的精神。虽然日本的企业和政府在战略层面上屡屡犯错，但精细管理是他们的看家本领，其水平在全球范围内首屈一指。这一点我们的企业和全体国民必须认真学习。

我们也要学习德国精准调控市场经济的方法。德国在房地产和金融领域，都有非常成功的精准调控的制度。德国为什么要精准调控市场经济呢？这是因为德国在第一次世界大战和第二次世界大战之间的魏玛共和国时期尝到了放任自流的市场经济的苦头，第二次世界大战之后他们认真总结那段时间的经验，提出了社会市场经济的理念。直到今天，德国的房地产和金融市场都没有出现重大危机——相反，德国的实体经济包括制造业的发展如日中天。

同时，我们还要认真学习英国的战略思维。过去 500 年以来，英国在重大战略问题上基本没有犯过错误。英国善于顺应历史潮流而动。如今英国看好中国，在西方国家中率先提出加入亚洲基础设施投资银行，并积极地参与推动人民币国际化。从英国的视角，我们应该看到中国持续向上的信心。过去 500 年，英国对历史大势的判断从未失误，而今天他们以实际行动选择了中国，难道我们对自己的国运还没有自信心吗？

长期以来，作为学者，我有幸来往于国内国外，参与各种会议和论坛，访问调研了各类大学、企业、政府结构和国际组织，和国内外经济学同行以及商业和政府领导者近距离交流。最近几年直接感受了世界正在经历的大变局，时时有感而发，不吐不快。本书的主体是基于这些调研活动的分析报告，还有一部分是其他研究报告的浓缩版。这些文章的主题是世界大变局以及中国经济社会应对。文章往往局限于正在发生的时事，不一定经得起未来变化的考验，敬请读者们仔细审辨。

回眸本书段段文字，由衷感叹任何书或文章都是集体劳动的成果，都有大量默默付出的幕后奉献者，他们尤其需要感谢。首先是深圳的《新财富》杂志出色的编辑刘凌云女士，她十几年来如一日，定期给我发来微信或电邮,梳理一些热点话题,邀我作文回应,而我草就的文字经她的神笔涂撒,焕然一新,立意鲜明,不经意间往往成为网上热点文章。书中的许多文字出身如此。十几年来我们一共见面不超过三次,而每个月的这种合作从未间断,可算作电子通信时代文字创作的小奇迹。多年来,我的一批研究生和博士生是世界上最勤奋、最能干的一批学子,他们是本书各篇文章最早的评论人和加工者,更是基础性研究素材的搜集者、核实者。他们包括胡思佳、陈大鹏、张驰、李雨莎、王绪硕、张鹤、郎昆。需要特别感谢的是人民出版社的曹春编辑,她让我深深认识到一个极为简单但却被忽略的道理:当今世界,人人都觉得自己可以写作,成为网红,都能写书,但是他们忘了,勤勤恳恳、极其负责、具有洞察力的编辑却是把日常写作变成高质量出版的神奇要素。

读懂世界

中国向上，还得虚心学美、日、德

中国向上，还要做什么？

毫无疑问，我们必须以虚怀若谷的心态，综合性地汲取其他发达国家的发展精髓，这是中国能否真正成为一个在全球范围内具有巨大影响力的大国和强国的关键。如果我们不能够持续地学习，很有可能将倒在从中等发达到发达、从大国到强国的门槛上。

改革开放之初，中国人重点学习的对象，至少在经济领域，是日本。那时，中日友好关系处于巅峰状态，中国派出了一个又一个代表团赴日学习，那时华国锋、胡耀邦等中国领导人都曾访问日本，中国经济学家、管理学家都在仔细研究"日本模式"。这一切在今天仍然留有痕迹，如国务院发展研究中心的设置在某种程度上是学习日本的结果。当时的经济学前辈马洪等特别强调向日本学习。

再往后若干年，中国学习的对象逐步转向美国，大量留学生、访问学者远赴美国访问、学习、交流。由于美国是当今世界第一强国，很自然，这一趋势一直延续到今天。这一点在大学及学术机构中特别明显，各大学精英人士言必称哈佛、斯坦福、麻省理工（MIT）。这在一定程度上是有道理的，因为美国的科学、高等教育在全世界是领先的，但是必须看到，美国并不是没有它自己的问题。2008 年爆发于美国的全球金融危机就是一个明证。2012 年以来，虽然美国经济领先于其他发达国家率先复苏，但是并没有给社会各界全面带来实惠，因此爆发了一轮又一轮的抗议。美国的社会问题日益严重，贫富差距有明显扩大的趋势。

近年来，中国也在更加仔细地研究、审视欧洲的模式。一个重要的原因是，在国际战略层面，美国正逐步将中国认作一个潜在的竞争对手；而欧洲，尤其是德国，与中国的关系日益密切，就连美国长期的盟友英国也对中国采取了各种各样战略层面的友好姿态。

面对具有不同优势的各大强国，我们到底还应该向他们学什么呢？很显然，应该学习各国最精髓的成功要素，兼收并蓄，并融入中国传统的政治经济、国家治理的综合优势，这样中国才能真正成为一个在全球范围内具有巨大影响力的大国和强国。

学习美国优势的精髓：法治基础上的包容与开放

美国作为当今世界的超级大国，其实力的基础毫无疑问是创新。美国从科学技术到企业制度、商业模式，都为其他各国包括其他发达国家长期羡慕和追赶。那么，美国创新活力的基础是什么呢？是其开放、包容和多元的精神。只有包容，才能使那些看上去离经叛道的思想最终发展为创新的火花；而包容的一个重要方面就是其文化和种族的多元性；文化与种族的多元性，又来自其制度的开放性。

"开放社会"是索罗斯及其所崇拜的伦敦经济学院的导师卡尔·波普长期推崇的，开放能够保证不同思想的人群得以融入主流社会之中。在美国，那些极具创新力的天才型人物，从埃隆·马斯克（Elon Musk）、比尔·盖茨（Bill Gates），到史蒂夫·乔布斯（Steve Jobs）、马克·扎克伯格（Mark Elliot Iuckerbery），以及早年的托马斯·阿尔瓦·爱迪生（Thomas Alva Edison）、尼古拉·特斯拉（Nikola Tesla）等，从各种角度来看，既是天才也是怪才，他们都有各自行为方式、思维方法上的怪异性；但都得到了美国社会的包容，最终成为改变社会的巨子。

美国包容、开放、自由的基础是法治（Rule of law）。任何重大的社会事件，从 O. J. 辛普森世纪大案，到戈尔与小布什的总统竞选之争，只要上升到法律层面并且由司法体制给出判决，绝大多数民众都愿意接受其结果，乃至于今天许多美国人大骂小布什但极少人为戈尔喊屈，而大部分美国人认为 O. J. 辛普森有罪但没人公开挑战当时的法官判决。这就好比没人说乔丹最后一次夺冠投中的那个球应该被判进攻犯规无效一样。尊重司法体系的判决，就像尊重体育裁判所代表的游戏规则，敢博认输，这就体现了美国人可爱的法治精神！

记得我在美国攻读博士学位的时候，我的一个老师是奥利佛·哈特（Oliver Hart）。当时他在 MIT 当教授，后来去了哈佛。他的学术贡献是收集法院的判例，深入研究"产权"的含义，我始终认为这是一项应该获得诺贝尔经济学奖的工作。我写毕业论文的时期，波士顿发生了一起著名的案件，一个来自爱尔兰的留学生被指控虐待婴儿致死，一审被判终身监禁，引发舆论不满，后来法官改判为轻罪。我多次以此为例问哈特教授，我说法官也是人，因此也一定会受人为因素干扰，甚至受贿，为什么不把法院的公正性和效率引入产权研究乃至整个法与经济的研究。他总是笑而不答。有一次，他委婉地告诉我：这种研究在美国没人会信，美国人认为法院就是法院，法院的公正性不容置疑。这段对话，我至今不忘，美国从精英到百姓对司法系统的尊重是令我们外国人印象深刻的。多年以来，我也一直在想，美国学术界也是有禁区的。

中国是一个多民族国家，幅员辽阔、历史悠久，这一点和其他东亚国家如韩国、日本截然不同，因此，中国完全有可能，也完全应该在开放、包容与多元方面向美国学习，而学习的切入点应该在于教育体系。

美国的高等教育固然备受全球各国推崇，但是应该看到，美国最具创造性的是一大批有特色的中小学。虽然美国很多的中小学，尤其是在贫困社区的中小学质量极其低下，但是不要忘记，美国还有一大批精英式的中小学。比如，马克·扎克伯格就读的菲利普斯埃克塞特中学（Phillips Exeter Academy），培养了一大批精英人士，其在美国的声誉应该比哈佛大学还高，进这所中学比进哈佛还难。即便不是精英名校的很多高质量中小学，也都极具特色。最近几年我接触过一些美国的中小学，给我留下极其深刻印象的是，入学第一天学校就会反复强调，学生们必须有包容、平等的心态，不许因为同学们的长相、肤色、智力水平、家庭背景等任何原因而加以歧视，要尊重每一位同学。这种包容的氛围，使得每一位同学能够自由发挥和成长。

6

近年来，中国的高等教育快步前进，从科研论文发表的数量，到本科生出国参加各种各样竞赛获奖的数量，乃至于吸纳顶尖科研人才的数量和质量来看，都在迅速赶超许多国家。如果不出重大意外，可以预见，在未来 20 年内，中国的确能够涌现出一批跻身全球一流大学行列的高等院校。但令人担忧的是，我们的中小学教育有没有足够的包容心、开放度和多元化的氛围，从而让各种各样的人才能够泉涌般出现。这一点是我们必须向美国学习的。

向日本学习精细化管理的精神

任何去过日本的中国朋友都会被其精细化的管理所折服。在日本，从马路边的售卖机、快餐店、地铁、企业乃至政府部门，方方面面的运作都体现出精细化管理的精髓。日本汽车行业经久不衰的竞争力更是其精细化管理的集中体现：汽车零部件生产与组装厂的密切配合，能够保证日本汽车零部件的质量，使之经济耐用，在同一价位上完胜其他国家的竞争者。日本的精细化管理，时常直接转化成为其科技、军事等方面的优势。

当然，并不能说精细化管理是一个社会成功发展的全部要素。客观地讲，日本的长处在于注重技术和细节，短处在于不善于战略思维。事实上，日本长期以来所犯的错误就在于战略管理不足，方向性研究不够，而把大量的精力放在具体细节的管理上。日本过去 20 多年经济低迷，根本原因也是在美国压力下经济体制和政策大战略的连连失误，从日元过快升值到过于宽松的货币政策、极度的财政扩张，步步被动。但这并不妨碍中国的企业、政府、学校和社会其他部门认真学习日本精细化管理的精髓。这种精细化管理的精神应该比具体的做法、具体的制度安排更加重要。

中国地大物博，但由于长期经济发展水平低下，百姓习惯性地满足于基本的生活条件，对于管理精细度的要求远远不如日本。同时，精细化管理的程度在中国内部也有所不同，南方沿海的大都市的精细化管理的程度就相对高于北方的大城市。

向日本学习精细化管理，应该成为中国持续向上，成长为经济、军事强国所补上的一门必修课，在这方面，日本是中国的老师。

向德国学习精准调控市场经济

德国的市场经济体制是在第二次世界大战后经过多年的演变而来，有着突出的特点。其最核心的因素是什么呢？

2015 年，笔者与德国著名经济学家、管理咨询大师罗兰·贝格（Roland Berger）一起编著了《中国经济的未来之路：德国模式的中国借鉴》一书。总的说来，德国市场经济最突出的特点就是，它充分意识到不受约束的市场经济会带来各种各样的市场失灵，以及社会公平方面的问题，因此，必须对市场经济进行精准调控。

德国的市场经济体制，是在认真反思了第二次世界大战期间魏玛共和国那段痛苦的经历之后提炼出来的。德国人从中所吸取的基本教训，就是不受约束的市场经济如洪水猛兽，会导致巨大的宏观经济波动，就好像没有任何约束的民主制度会在政治上带来灾难一样——当年，希特勒就是在缺少真正意义上的法治约束的民主体制下，充分利用民族主义情绪，误导德国走向了法西斯道路。

德国的市场经济体制有一系列非常精准的调控体系。比如说在房地产行业，特别强调要对租房市场进行管理，既要保护投资建房出租的开发商，鼓励他们建房出租同时也要保护那些租房的房客，房东一般不能轻易加价，也不能轻易赶走房客。而对于贷款买房，德国政府则有一套极为谨慎的措施，不鼓励家庭贸然贷款买房。又比如在遗产税方面，德国税收体制对于继承前辈而持续经营的企业家网开一面——如果下一代能够持续经营上辈传下来的生产性企业超过十年，则遗产税几乎全部免除。也就是说，遗产税是精心设计以保证德国家族企业基业常青的。

德国体制也精准地保护市场经济中的弱势群体。不可否认，市场经济的确会给部分参与者带来极大的不公平，这部分参与者既包括运气不好出现事故导致残疾、疾病的人群，也包括天生市场竞争意识不强、竞争能力有限的人群。对于这部分人，德国体制给予相当的宽容和充足的补助。20 世纪末 21 世纪初，在格哈德·施罗德（Gerhard Schroder）总理的领导下，德国对社会福利政策进行了大刀阔斧的改革，把所有社会福利补贴统一在一个平台下精心运作，保证每一个需要援助的家庭能够得到政府的一揽子援助，同时也鼓励公众相互监督，防止滥用福利现象。这样既保证了公平，也提高了效率。

在德国，这种精准调控市场经济缺陷的体制设计比比皆是。学习德国市场经济的精髓，就是既要打破"市场经济万能"的迷信，也要打破"政府无所不能"的教条，实事求是地精准调控市场经济所出现的问题。

中国经过了多年来的改革开放，无论是市场经济的优势与缺陷，还是政府的能力及限制，大家都已经看得很清楚，因此，特别需要学习德国的经验。

总而言之，中国还有巨大的上升空间；在不断进步的过程中，尤其需要认真学习全球优秀的大经济体的模式精髓。美国式的开放、多元、包容，日本的精细化管理，以及德国精准调控市场经济的各种措施和制度，应该是中国经济继续向上发展所必修的三门功课。如果能认真研修这三门功课并不断实践，中国一定能够兼收并蓄，最终形成一个拥有自己独特优势，且在全球范围内具有巨大影响力的、特殊的、重要的大国。

从达沃斯看中国与世界的新常态

中国与世界的新常态下，一年一度的达沃斯世界经济论坛 2015 年年会，也呈现了比较突出的新特点，其中蕴含的意蕴值得回味及分析。

地缘政治与文明的冲突改变世界格局

本届年会的主题是"世界新格局"，地缘政治对世界格局的影响，是议程中的重点。年会召开前，在巴黎出现的恐怖袭击事件，又使得这一议题显得尤为重要。

在年会上，乌克兰总统波罗申科、伊拉克总理阿巴迪以及美国国务卿克里纷纷发言或者参与对话，他们谈论的核心内容就是地缘政治以及如何应对恐怖主义的攻击。阿巴迪在大会发言中明确指出，当前中东的局势极其复杂，已经不能够用简单的文明冲突来描述，而已经演变为极端主义分子如"伊斯兰国"（IS）等组织与主流伊斯兰社会的冲突。因此，稳定中东，同时动员中东以外的印度尼西亚、马来西亚等伊斯兰国家主流政治势力共同应对穆斯林极端主义集团，是全球应对极端恐怖主义分子的一个重要举措。

换句话来讲，出现在巴黎街头的恐怖袭击事件，不能简单地用西方与伊斯兰国家的对立来解释和应对，德国出现的所谓"爱欧洲，西方反伊斯兰化运动"（PEGIDA），在我看来完全搞错了方向。伊斯兰国家内部的分歧可能还大于伊斯兰国家和西方国家的分歧，如果这个重点抓不住的话，那么矛盾将更加激化，恐怖主义事件不仅得不到控制，反而会不断地蔓延。2015 年 1 月发生的日本人质在中东受害事件，我想也是反映了这一特点，因为从宗教上来讲，日本与伊斯兰世界的冲突并不是最直接的。

乌克兰危机也已经沁入世界经济论坛的许多话题中。我参加的一个早餐会，就是关于俄罗斯在经济上如何应对乌克兰危机的，参加者高达数百人，其规模之大、参会者之踊跃，在达沃斯的闭门早餐会中很少见。参会者包括来自以色列、南非、美国和俄罗斯等国的各方人士，俄罗斯的组织者希望从以色列和南非应对国际制裁的实例中获得一些有益的经验，但是其他国家参会者的基本观点是，俄罗斯此轮危机属于"在劫难逃"，其经济未来将可能会进一步下滑，但俄罗斯当局对于这一形势的估计严重不足。我是会场上唯一来自中国的代表，在最后阶段的发言中，我强烈建议俄罗斯政府必须加强与东方国家的经济合作，以此来部分地缓解其经济困境。

中国的影响无处不在

总体上讲，大会参与者对中国经济发展的前景还是相对乐观的。

尤其是李克强总理在此轮年会最重要的黄金时刻发表的演讲中有不少新意，他运用了参会者所熟悉的欧洲谚语、达沃斯的转型经历和"速度、平衡和勇气"等滑雪的基本要领，来形容中国坚定推进经济结构调整的决心，起到了非常好的沟通效果。

特别有意思的是，这一轮论坛上，参会者对于中国经济发展的关注度逐渐被中国对世界经济的影响所取代，因此，关于中国经济本身的一些会议，比如我参加的中国经济前景的午餐会上，参会者的讨论并不如往年那么热烈，也许大家认为中国经济的风险基本可控。但是在其他的讨论会上，大家都会不自觉地讨论中国经济的问题。比如在印度经济发展前景的讨论会上，几乎每个发言人都要讲中国，中国成为印度发展改革最重要的标杆及驱动力。

顺便说一下，从各种关于印度的探讨以及与印度参会者的对话中，我得出的基本结论是，印度的此轮改革有相当大的可能会成功。从参会者的各种反应来看，印度总理莫迪的确是一个比较有干劲和执行力的改革者，而且，与当地传统的政治精英不同，他是比较接地气的，据说他更习惯于用印地语演讲。从这一角度看，中国必须加强对印度的关注，中国企业家也应该多关注印度市场的发展。

世界经济格局的板块化

达沃斯论坛召开期间，欧洲央行正式推出了量化宽松政策，在力度上还略微超出之前的预期，欧洲经济正在出现重要的转折。参会者基本的观点是，量化宽松政策对欧洲经济的恢复是有好处的，但是它也会带来欧洲内部政治上的一些分裂。德国总理默克尔对欧洲央行的政策相当不满，认为宽松政策走过了头，会阻碍欧元区一些国家的改革进程。德国作为欧洲的老大，在宽松政策实行的过程中似乎并没有起到应有的领导作用，而是在抱怨。

另外，很多参会者认为，欧洲和日本的央行在推行宽松政策，英国、美国的货币政策正在逐步收缩，而瑞士放弃了对外汇的管制，这一切将带来国际外汇市场的汇率大波动。也许世界金融新常态的一个特点就是汇率的大规模波动，即美元作为最重要的国际货币，其走势与其他主要国际货币将出现分离。在这个过程中，人民币国际化事实上应该有很好的机遇，因为人民币作为比较稳定的、影响力逐步上升的货币，能够给各国投资者提供新的选择。

2015 年，国际货币基金组织（IMF）讨论是否把人民币纳入特别提款权的一篮子货币中。从各种实际情况来分析，人民币理应成为 IMF 一篮子货币的组成部分，IMF 本身也非常支持这一改革，问题主要出在美国，届时就看美国财政部有没有度量允许人民币加入一篮子货币。若其明确表示反对，这将向全世界表明美国单边主义和霸权思维在延续。美国即使在这一问题上赢得胜利，也将失去作为世界经济和金融领导者的威信。

世界经济的新板块由英美等短期内恢复较快的经济体、俄罗斯等深受资源价格下降以及地缘政治影响的慢速增长的经济体、欧洲这一逐步恢复的经济体以及中国这样仍然处于稳健上升态势的经济体组成，这就是世界经济板块化、多元化的最新格局。

科技改变社会

此轮世界经济论坛尤其关注科技对社会的影响，比尔·盖茨夫妇在一个对话中特别强调用科技帮助落后地区脱贫。由于有了优良的作物种子如耐旱的玉米种子和低价疫苗的推广，婴儿死亡率、儿童夭折率大幅下降。他们特别强调，减贫的最大贡献者是中国，并借此表达了对中国持续发展前景的乐观态度。比尔·盖茨表示，过去 30 多年来，发达国家总是讲中国这不行那不行，但事实总是证明他们错了，中国在不断发展。他认为，未来中国只要能保持 5% 的经济增长，中国对世界经济的贡献包括减贫的贡献仍然会是巨大的。

本届论坛还专门请到了来自脸谱、微软、谷歌、沃达丰的老总畅谈世界格局。他们的一个基本看法是，科技的发展在改变普通大众参与政治的行为，未来政治将会更多考虑普通民众的感受。

在另一个对话环节中，特别让我感到吃惊的是，在达沃斯的几位专家与来自世界四个地方的年轻人通过视频进行对话，效果非常好。来自马德里、菲律宾、突尼斯的几个年轻人与现场的资深专家形成了鲜明的反差，从年龄到观点上都相当不同。由此我想到，再过几年，世界经济论坛的组织形式将有可能出现巨大的变化，那就是很多的讨论环节将由场外的、分布在世界各地的年轻人参与，世界经济论坛将不再完全是一个精英聚集的所在，而有可能成为更包容年轻人、更具有广泛代表性的讨论世界经济政治重大问题的盛会。

西方民族主义大回潮

西方发达国家正在发生一场政治经济领域的变革。从 2016 年 6 月 23 日英国全民公投结果决定"脱欧"，11 月 8 日特朗普赢得美国总统选举，到 12 月 4 日意大利修宪公投失败，都有体现。

西方民族主义大回潮

我们应该如何看待西方这场变革的主题？就这个问题，2016 年 11 月初，我在一场公开论坛中请教了英国前首相戈登·布朗（James Gordon Brown），他的说法是西方民众普遍对现实不满，以至于对精英不满。

在对话中我提出，西方正在出现一轮新型的民族主义浪潮。戈登·布朗对此表示认同。他表示，这股浪潮的核心是西方民族主义抬头，是 1648 年威斯特伐利亚国际政治体系再次复兴，即民族国家各自为政、互不干涉。西班牙、英国、美国，那个通过帝国霸权从而推动全球化的时代似乎正在远去。

那么，西方民族主义回潮，直接的矛头会指向哪里？正如西方学者所言，所有政治都是当地政治，西方民族主义浪潮的矛头主要指向的是像希拉里·黛安·罗德姆·克林顿（Hillary Diane Rodham Clinton）这样的本国政治精英。但是，攻击本国政治精英背后的根本原因，是对过去多年来全球化浪潮的不满。

美国前财政部长、哈佛大学前校长、著名经济学家劳伦斯·亨利·萨默斯（Lawrence Henry Summers）在 8 年前为总统候选人奥巴马助选时曾明确指出，全球化似乎并没有给美国人带来想象中的那么多好处，原因在于美国没有能力补偿在全球化中失意的低技能人口。不幸的是，尽管萨默斯这样的精英在分析全球化的缺陷时口若悬河，但是这一次他却完全没有预料到特朗普的胜利。2016 年 11 月 1 日，即美国大选的一周前，他在清华大学苏世民书院的一场公开讲座中信誓旦旦地说，尽管出现了美国联邦调查局（FBI）对希拉里·黛安·罗德姆·克林顿重启调查的事件，但是希拉里的胜算仍然在 85%以上。

这场西方民族主义政治浪潮的直接后果是什么？在国际政治领域，西方发达国家很可能从国际事务包括国际治理中大规模撤退。美国将不太可能像过去一样引领全球化的浪潮，相反，美国将会想方设法从全球化浪潮中寻找退路。

积极推动中国特色新型全球化

那么短期内，西方民族主义浪潮对中国有什么负面的影响，从长期来看，中国应该怎么应对？

从历史来看，美国在第一次世界大战与第二次世界大战之间所推出的《斯姆特－霍利法案》（*The Smoot-Hawley Tariff Act*）引发了欧洲的贸易保护报复，从而直接引发了全球经济大衰退，间接导致了希特勒的上台。这一惨重的教训仍历历在目，美国社会诸多界别应该不会容许重蹈覆辙。

更重要的是，当今国际贸易比之于90年前已经变得极其复杂，全球各经济体相互交织，彼此影响。所以，美国可能会针对一些对社会舆论有很大影响但对实体经济影响较小的领域，采取若干贸易保护的措施，类似于轮胎特保案。总的来讲，中国当前出口占GDP的比重已经从金融危机前的35%降到了20%多一点，而经常账户顺差占GDP的比重也从2007年的8.8%降到了2016年预期的2.2%。因此，中国经济对外的依赖度已经大幅下降，短期内西方民族主义、反全球化浪潮抬头对中国经济的影响并不会很大。

从长远来看，中国应该紧紧抓住新一轮西方保守领导者掀起的民族主义浪潮，顺势而为，打出中国特色新型全球化大旗，成为新一轮全球化的领军者。

具体说来，中国特色新型全球化应该有三大特点。

第一，中国特色新型全球化的主体，应该是一大批新兴市场国家。中国应该紧紧抓住一大批新兴市场国家，拉近与他们的贸易关系。他们是新型全球化最大的受益者，要想方设法与他们达成一轮多边或双边贸易自由化协定，例如区域全面经济伙伴关系协定（RCEP）和亚太自由贸易区（FTAAP）等。中国应积极同他们展开磋商，形成一个新兴市场国家主导的全球一体化浪潮，以"农村包围城市"的方法来应对发达国家反全球化的浪潮。

第二，中国特色新型全球化的受益者应该是普通大众。这一点极为重要。与过去美国引领的传统全球化不同，新型全球化应该强调其受益者是普通大众，其重点是加强中低收入国家的基础设施建设，加强劳动密集型产业投资，将中国一部分劳动密集型产业转移到这些国家。同时，强调贸易与实体投资的一体化，而不是华尔街引领的金融投资的自由化和一体化。

第三，以"一带一路"倡议为主要抓手。面向"一带一路"倡议相关的地区、条件成熟的新兴市场国家，有意识地逐步签订双边或者多边的贸易投资一体化协定，以"一带一路"倡议为纽带，研究成立"一带一路"开发银行，利用好国际金融资源，加快推进"一带一路"建设。

中国已经成为全球第二大对外投资国，也是世界最大的储蓄国，自身的市场经济体制具有较好的竞争能力和适应能力，完全有条件在西方民族主义回潮的过程中主动参与和推动经济全球化进程；以新兴市场国家为依托，逐步打造更紧密的经济贸易合作关系，以此逐步提升中国负责任大国的形象。这正是当今世界西方民族主义回潮给中国带来的重大国际发展的战略机遇。

读懂英国"脱欧"

英国 2016 年 6 月 23 日"脱欧"公投的结果，无疑让原本逐步从国际金融危机中平复下来的世界经济突然感受到新一轮的猛烈冲击。有人将之类比为贝尔斯登公司破产所引发的一系列金融波动；有人认为公投的威力相当于雷曼兄弟公司的破产，会让世界重新进入衰退；某些美国金融家甚至预测，英国公投将使美国经济陷入衰退，损失大约 20%—30% 的 GDP，其威力超过 2008 年国际金融危机。

那么，英国"脱欧"公投的本质是什么？从英国公投到美国总统竞选，有什么共同的格局性要素值得我们反思呢？不妨用一个非常简单的比喻来更直接地讲述其中的奥秘。

设想在一个宁静的村庄，住着几百户人家，他们过着自给自足的田园生活。渐渐地，村庄融入了外面的世界，于是，有的村民突然发现，自己的产品在村外极受欢迎，因此发了财；另一些村民则发觉，别的村子生产的产品比自己的好，因此自家产品卖不出去，经济收入大幅下降了；还有一些原本种庄稼的村民发现，外面的粮食比自己种的更便宜，但是又不知道怎么从种庄稼转向种植外面所欢迎的农产品。这就是全球化对这个村庄带来的冲击。

如果把这个村庄作为一个整体来看，融入外面的世界毫无疑问是件大好事，因为村民们可以集中力量从事那些大市场所需要的产品的生产，那些自己原本不具有竞争力的产品就不去自产，而用比之前便宜的价格买来消费就行了，全村的总收入大幅提高了。但问题是苦乐不均，有很多必须放弃原本生活方式的居民会因此大感不爽、非常困惑。

与此同时，另一类人也极为不爽，那就是村委会的领导们。原来村子遇到大事，村主任和村委会开会拍板就可以定了；而现在不同了，村子融入了外面的世界，很多村内的事必须外面更大的领导说了算，比如说，你们村产品的卫生标准和产品质量是外面定的。另外，外村遇到了困难，咱们村也需要帮助，就如同我们村遇到了困难，外村也会出手相助一样。所以，很多事是外面更大的社区领导说了算，本村的领导讲话不如以前那么灵了。

这就产生了两类对大市场竞争、大经济循环不满的人群。一是那些习惯于自己拍板说了算的老干部，或者有老干部思维的年轻领导；二是那些自己产品卖不出去，又不知道如何转行的村民。这两类人想到一块儿去了，于是，带着旧思维的、想回到过去自己说了算时代的村主任建议，我们干脆搞一次举手表决，决定要不要回到过去小村寡民的幸福生活。最关键的细节在于，投票规则不是按照腰包钱数的多少，一块钱投一票，而是一人一票，绝对的"大民主"。村主任的小算盘是通过这次民意测验，看看有多少人反对咱们村融入外部经济大循环。如果你们不同意，干脆咱们关起门，村主任和村委会跟以前一样自己拍板做决定。

投票的时机非常重要。最近以来，很多居民都很郁闷，这在很大程度上是由于最近一段时间以来，外面整个的大市场正在经历周期性的下降，而很多村民分不清，究竟是整个市场经济的下滑还是自己参与大经济循环所带来的调整冲击了自己的生计，总之一股脑的怨气都归咎于本村加入大市场的决策。于是，投票结果出来了：本村宣布不加入外面大市场了，村领导继续像以前一样关起门拍板说了算。

打着小算盘的村干部们，趁着村民的汹汹怨气，借着简单民主的暴力，夺回了自己被剥夺的权力，这就是英国"脱欧"公投的本质。

说得学术化一点，就是在全球化竞争时代，一国的政府按理说应该积极进行收入再分配，让大多数人都尝到全球化的甜头，同时加强公民教育和培训，让本地利益受损的那些村民们能够提升自己的竞争力，更好地参与全球经济大循环，但是村主任觉得做这些事儿很难，倒不如一气之下拍板搞一个大民主，让那些不明就里的百姓产生找回昔日风光的幻觉。

英国"脱欧"公投本质上是民粹主义下所产生的民主的暴政与个别极其保守地想自己当家做主的精英分子不顾本国百姓长期的根本利益所谋划的一场阳谋。这不是阴谋，而是人人都能看明白的阳谋。

这种故事在美国也在上演。共和党候选人特朗普来自极右的精英阶层，他们认为美国就是优秀的民族，拥有优异的体制，美国当前的问题，在他看来，就是因为美国的国门打开了，参与了国际竞争。因此，这批极右美国精英认为，我们关起门，我们不要移民，不搞自由贸易，我们玩得更好；美国的总统也不必顾及外面的想法，这样的领导做得比以前更爽。这就是当今世界在经济衰退的情况下一大批利益受损的基层民众与极端的右翼倾向分子所达成的一个政治同盟，这也是英国"脱欧"公投给我们的启示。

在这种情况下，世界需要理性的声音，需要一批具有长远眼光的政治家。

当前英国"脱欧"公投所带来的经济市场的一片混乱，对相关的企业来说当然是非常不幸和痛苦的，但这种痛苦也恰恰是最好的教育，尤其是对那些不明就里支持英国"脱欧"、想回到过去非全球化封闭时代的基层百姓，是最好的教育，让其他有类似倾向的"村民"和"村干部"们三思而行。

公投之后的英国，前景极不明朗，既不能排除英国政治体制经过复杂的运作，完全消弭公投政治影响的可能，也不能排除公投最终演变为英国彻底脱离欧盟的结果。面对这种复杂的国际形势，中国作为一个发展中的大国，必须认真做好预案，既要与脱离欧盟的英国政府保持密切的沟通，也要与欧盟方面保持密切的关系。

任何的世界波澜都会为那些有准备有谋划的国家提供发展的机遇，也会为那些没有准备的匆忙应对者带来重大的挑战。中国作为一个发展中的国家应该属于第一类，应该能够成为化繁为简、化挑战为机遇的国家。

重新读懂美国

当今世界出现了百年未遇的格局变化，这是中国领导人对当前形势的基本判断。这百年未遇的格局变化中，关键的一点就是美国的行为突然出现了变化，不仅特朗普的当选令人意外，其当选后的一系列政策更加让人摸不着头脑：美国怎么了？美国发生了什么？我们从前所认识的美国是不是真正的美国？这不禁让人想起 70 年前的一段往事。

中国学界急需"新时代的《菊与刀》"

1941 年，太平洋战争爆发，美国对日本宣战，正式卷入第二次世界大战。美国情报当局急需了解日本的国民性，他们委托美国杰出的人类学家鲁思·本尼迪克特（Ruth Benedict）撰写了一份研究报告。这份报告对日本人看似非常矛盾的一些个性作了全面的分析：一方面，大和民族彬彬有礼、温和驯服；另一方面，又表现出激进、狂野的尚武精神。

1946 年，这份研究报告的作者根据她给美国情报部门的报告出版了当今闻名的《菊与刀》（*The Chrysanthemum and the Sword*）一书，该书对美国理解日本以及处理日本战后问题起到了关键性的作用。当今中国学界也急需一本"新时代的《菊与刀》",用以理解什么是真正的美国。

坦率地讲,虽然中国的学者和精英阶层中有不少人都在美国学习工作过,他们发自内心地认为自己是最了解美国的,可事实上,他们对美国的了解恐怕是极其片面的。因为,这批人(包括本人在内)绝大部分都是去美国读书的,而且都是去美国的精英大学读书的,他们的导师和同学都是美国社会中的精英之精英。以我本人为例,我在哈佛大学攻读博士期间,几乎所有的导师都是犹太人,都自称为"改革的犹太人"(Reformed Jewish,意思是说,不虔诚地相信犹太教的犹太人)。毕业之后,我在美国的密歇根大学、斯坦福大学工作访问,之后又经常和世界银行、华尔街的各种机构打交道,接触到的大多是美国的精英之精英,恐怕他们不能完全代表真正的美国人。

当今,美国总统特朗普之所以当选,主要在于他代表的并不是美国的精英人士,而更多的是美国的草根阶层。那么,到底什么是美国人?美国的国民性是怎样的?

美国的双重国民性

必须承认,美国也有它非精英的一面,有它更为深远的国民性的本源。哈佛大学已故政治学学者塞缪尔·亨廷顿(Samuel P. Huntington,他本人也是犹太人),在他去世前的著作《我们是谁？——美国国家特性面临的挑战》(*Who are we? America's Great Debate*) 一书中就这样写道：美国的国民性不是在 1775 年形成的，而是在 17 世纪初的最初几批定居者来到北美时就形成了。这些最早来到北美的英国清教徒，他们不是殖民者，他们是定居者，他们不是代表英国来北美开疆拓土的，他们是逃离本土的宗教迫害来美国寻求新的生存空间的，从那时起，美国的国民性就形成了。

那么到底什么是美国的国民性呢？从这个角度来看，美国的国民性可以归纳为两条。

第一，他们是虔诚的新教徒，他们笃信上帝，有坚定的信仰。有人讲 300 多年过去了，是不是美国的这个国民性已经改变了？不是，今天的美国在所有西方国家中教徒的比例是最高的，远比欧洲高！周末去教堂人数的比例也是最高的，从这个意义上讲，美国是真正继承了新教传统的国家。特朗普本人也是一个基督徒，有很强的自律性，他从不酗酒。我们一般认为美国人是崇尚个性自由、崇尚思想解放的，这并不是真正的美国传统，美国的传统要回溯到 17 世纪初的那一批定居者。

美国国民性的第二条就是孤立主义。美国自身的地理位置和欧洲任何国家（包括英国）都不相同，它幅员辽阔，是一个大陆型国家，没有多少邻国（只有墨西哥和加拿大两个邻居），因此，美国人从建国之始就是崇尚孤立主义的。事实上，翻开美国的经济史，自 17 世纪初定居者来到北美之后，在大部分时间里，美国都处于闭关锁国的状态，没有开疆拓土，没有到海外殖民的冲动。美国第 25 任总统威廉·麦金莱（William Mckinley）曾经历了极其痛苦的思想斗争，最后才决定出兵菲律宾，他曾这样说："我曾寻求帮助……在白宫的地板上踱来踱去，直到深夜……我曾不止一次跪在地上向万能的上帝祈祷。最后，终于有一天晚上，我得到了上帝的声音……那就是除了占领菲律宾之外我们别无选择。"这与当年英国到世界各地开疆拓土，扩大自己版图在本质上是不同的。

19世纪初，美国著名的外交政策"门罗主义"，其本质就是看不惯英国和欧洲列强在世界各地建立殖民地，到处谋求势力范围的影响。稍微熟悉美国历史的人都知道，第一次世界大战中，美国试图置身于争议之外，第二次世界大战爆发后，美国又采取同样的策略，直到日本偷袭了珍珠港。有人讲，日本偷袭珍珠港，是罗斯福总统的阳谋，就是要唤起美国普罗大众的斗志，找到理由参与世界大战，这就是美国。当然，亨廷顿在他的书中所描述的是传统的美国，他所担忧的是美国这些定居者的文化被后来移民者——尤其是从墨西哥来的移民者所破坏，一旦如此，美国将不复为过去的美国，美国将变色。

反观中美历史上的主要交往，从民国时代、抗战时期到冷战时期，都是在美国已经完成其国际主义战胜清教徒的孤立主义情绪之后进行的，我们所熟悉的美国的种种表现，在美国的历史长河中仅仅是短暂的一刹那，并不是美国的常态。我们熟悉的美国，是精英的美国，是国际主义的美国，是那些"改革的犹太人"（包括基辛格博士、布热津斯基博士）所操控的美国。而今天我们所看到的特朗普，他所代表的是那个更为传统的美国，是那个清教徒来到美洲定居时的美国，他所代表的精神是塞缪尔·亨廷顿认为应该不忘初心、牢牢坚持的那个美国。

重新读懂美国，从本质上探寻特朗普的想法

按照以上逻辑，我们应该重新读懂美国。美国具有它的双重性：既是那个新教徒式的，过着清贫的生活、安分守己、以自己的大陆土地为精神和物质家园的美国，也是那个精英主义的，试图在全球范围内扩张自己的势力、传播自己的理念的扩张主义、英雄主义、霸权主义的美国。这两种特性在美国的历史中是交互出现的，应该说，我们今天所看到的美国，可能是恢复到了传统的一面。

按照以上分析，我们应该从本质上读懂特朗普的想法。

首先，特朗普未必是要把中国打倒，在这个问题上，他和班农以及美国国防部的一些高级官员的想法恐怕是不一样的。他的想法就是要恢复到 21 世纪初以前的"伟大孤立"的美国，而不是在全球范围内到处寻求影响大选、寻求扩张的美国。在这个问题上，中国的和平发展与特朗普的基本想法并没有根本的冲突，如果应对得当，特朗普也许可以被认为是中国和平发展的一个重要机遇。

第二，特朗普的美国，也就是那个传统的美国，对中国的很多事情是不理解的，因为他们是带着宗教色彩的、有强大信仰的美国，他们不理解中国从西周以来不断演化形成的儒家文化，更不理解陈寅恪先生所言"造极于赵宋之世"① 的华夏文化。他们会认为，中国人没有信仰，中国人是异己者。在这方面，我们必须下大功夫与那个传统的

① 出自陈寅恪《邓广铭〈宋史职官志考正〉序》："华夏民族之文化，历数千载之演进，造极于赵宋之世。后渐衰微，终必复振。"

美国进行沟通，要告诉他们这是个多元的世界，要告诉他们中国的儒家思想和基督教传统并不矛盾，而且在很大程度上讲，二者可以相互弥合、互相借鉴。

第三，这个由特朗普所代表的传统的美国，他们更多的是关心美国本身的经济情况和社会稳定，而不一定是要谋求阻挡中国经济的发展，他们关心的是贸易顺差和逆差，他们关心的是汇率、关税等贸易问题。本质上，他们并不一定关心中国国内的经济政策和经济体制——只要这些经济政策和经济体制不构成对美国企业和贸易的威胁。

因此，对于特朗普政府以及他本人，要牢牢抓住贸易平衡这一关键。在这个问题上，中国政府应该打破常规，采取一些谋求双赢的具体举措，以此来换取特朗普政府的信任。而特朗普政府的这种要求，也是那个传统的美国社会能够完全理解的，也是传统社会的利益所在。

重新读懂美国，这对于我们理解特朗普政府，理解百年未有的世界格局的变化具有重要意义。中国当今这些与美国精英阶层已经交往频繁的知识阶层必须重新学习。

不断学习与美国打交道

美国投资银行家、前财政部长亨利·保尔森（Henry Merritt Paulson, Jr.）在他的回忆录《与中国打交道》（*Dealing with China*）中，站在美国人的立场总结了与中国打交道的八条基本原则，其中第三条说的是"用一个声音说话，而不让中国方面感到很困惑"，第六条说的是"找到更多的方法说'是'，而不是说'不'"，以及第八条"依据中国的现实情况行事"……这些都体现了美国方面的顶级智慧。

但是如今，美国变了！

特朗普政府早已忘记了这些基本的原则，而熟悉中国的美国精英人士不屑与特朗普为伍，导致特朗普身边的高参在美国属于不入流之类。

美国变了，这是当今世界正发生的百年未有之大变局的一个基本点，而中美关系的变化正是这场百年未有之大变局的核心。在此背景下，中国人实际上更需要一本《与美国打交道》"实战手册"，回归本质，用更聪明、更有智慧的方式与美国打交道。

那么，怎么与美国打交道？我认为，首先要从了解美国国内政治运行机制和美国人的心态出发，在此抛砖引玉，提出三个显而易见的观察和分析。

第一，美国的国内事务永远高于国际事务。翻开《纽约时报》或者是《华盛顿邮报》，这些在美国最国际化的日报，你会发现每天排在头五条的重要新闻中，一般顶多两条是关于国际事务的新闻，其中关于中国的新闻更是少之又少。而唯一全国流行的日报《今日美国》，更是如此。特别要注意的是，中国人极为关注的新闻，美国民众根本不关心，比如说美国国会通过了"台湾保证法"，这种新闻几乎不会出现在美国的主流报纸中。

这说明了什么呢？说明美国的百姓以及绝大部分的决策者以本国社会活动为最重要的关注点，即便是关心中美贸易摩擦，其出发点和落脚点仍是美国的利益。由此看来，在考虑问题时永远是"美国第一"的特朗普，在这方面并没有任何的新意，只不过他的政策是极其短见的，而其他政治家可能更具有长远的眼光。

与此相关的是，美国绝大部分的政客和媒体人对中国极其缺乏了解，即便是在中国如此重要的今天。这里举两个例子。一个是2005年美国有两个国会议员提出了人民币汇率操纵的议案，当时他们就提出要对中国的出口产品加征27.5%的关税。其始作俑者是来自纽约州的参议员查尔斯·舒默（Charles Ellis Schumer）和南卡罗来纳州的林赛·格雷厄姆（Lindsey Graham），这两位都没有来过中国。那年有好事者请他们两位来中国，第一站就到了清华大学的课堂，我在现场是点评者。在课堂上舒默公开说他是第一次离开北美，第一次拿护照。他可是来自纽约这个如此国际化地区的重要参议员，以前没有离开过北美，令人咋舌。另一个例子是，2004年我邀请了五位在国际舆论界极具影响力的西方包括新加坡人物来对话，其中就包括在美国新闻界堪称教父级人物、天天在电视上发表评论的卡尔·伯恩斯坦（Carl Bernstein），他和鲍勃·伍德沃德（Bob Woodward）调查"水门事件"起始，最终扳倒了美国总统尼克松。他远比中国人熟知的经常评论中国问题的托马斯·弗里德曼（Thomas L. Friedman）更有影响力，而他也是第一次来中国。交谈中我们谈到了中国台湾问题，他不无夸张地说："台湾，台湾在哪里？我早就把台湾忘记了，台湾跟我们有什么相关？"这就是典型的美国人的心态。

结论是，必须要站在普通美国人的角度来考虑中美关系，才能真正地理解美国人想要什么，想做什么，不能只关心哈佛、耶鲁、华盛顿特区的精英人士在想什么，在说什么。特朗普时代，美国精英人士的影响力已经大打折扣。美国的普通百姓之所以关心中国，主要是因为关心就业，他们担心中国的发展，拿走了美国人的工作，影响了他们的就业，至于中国消费品的价廉物美，相比于工作，远远没那么重要！他们实际上并不太关心中国的经济总量到底是排名第几，这种普通百姓的政治偏好最终还是要反映在美国政客的决策中。尽管在美国首都的政客往往把中国视为"头号敌人"，但对普通百姓而言，这话并不成立。由一个选区十几万普通百姓每两年选一次的众议院更多地反映了美国的这种心态，所以在历史上美国国会两次推翻了总统在国际舞台上长袖善舞博来的利益，一个是在1944年布雷顿森林会议中谈出的国际贸易组织（ITO），另一个是第一次世界大战结束后1920年美国总统威尔逊提出并主导成立的国际联盟。

已故的美国哈佛大学政治学教授塞缪尔·亨廷顿在去世前的最后一本畅销书《我们是谁？——美国国家特性面临的挑战》中明确指出，

美国的国民性是在 17 世纪初清教徒移民到新大陆时形成的。美国这个三面环海、只有两个邻国、普通百姓一生不出国都可以快快乐乐活一生的国家，其民众心态比起其他大国都更加地内向，更关注国内的事务。这告诉我们，在和美国打交道时一定要把美国普罗大众关心什么、想要什么牢牢地放在心中。要跟美国民众讲清楚，中国的发展同样帮助美国创造了就业，比如，中国是通用汽车在全球最大的市场，且很多年都是除北美之外的第一大利润来源地，在中国的运行给通用汽车带来了大量的利润，这个利润保证了通用汽车在美国国内不解雇工人，帮助它背负起沉重的退休工人负担，渡过金融危机的难关，重回股票市场。

第二，美国社会永远是多元化的，而总统往往是少数派，其决策经常是备受攻击，总统的观点代表不了全体美国人。我们习惯于把美国总统的决策当成全体美国人的决策，代表了国家意志，因此发动我们全部的能量，包括舆论能力，炮轰美国行政当局的决策。而现实却往往并不是如此，现实中美国总统所受的压力更多来自国内，总统最大的对立面是国内政敌，而不是中国政府，因为美国是总统制，而不是议会制，所以总统和国会往往是分裂的，参、众两院和美国总统的关系常常是水火不相容的。因此，我们绝对不能把美国看成铁板一块，相反，应该积极识别、努力争取美国潜在的对中国友好的群体。

从中美关系的各类利益相关者来看，美国跨国公司和知识阶层曾经是最支持中美关系发展的。现在他们在一些重大方面发生动摇，但这并不意味着已经覆水难收。相反，我们应该下大功夫，争取跨国公司、华尔街以及东西海岸高科技行业、各大学的精英人士对中美关系的支持。以这次"华为案"为例,事实上,美国包括半导体行业在内的高科技行业不支持美国政府关于制裁华为的决策,因为他们心知肚明,从短期来看,这将导致企业利润下跌甚至经营困难,因为该政策将至少影响他们 1/3 的业务量;而从长期来看,他们将丧失从中国发展中获利的战略机遇,因为该政策将打破这些高科技公司长期和中国"利益捆绑"的战略格局,很可能促使中国创造出自己的高科技生态。

又如,美国有些政客和意见领袖,例如班农以及达拉斯独行侠篮球俱乐部的老板库班,一直在叫嚣要把中国的公司从华尔街踢出去。但是,这绝对是个馊主意。事实上,中国企业去华尔街上市,对华尔街而言极其重要。正因为有了阿里、京东等中国高科技企业在美国上市,才让美国投资者可以分享中国发展带来的红利和增值。更重要的是,这是美国金融业能够持续称霸世界的根基,是以美元计价的金融资产不断发展壮大、保障美元第一大国际货币地位的关键。因此,班农和库班等人的叫嚣顶多相当于球迷瞎评球。

再如,美国各大学,尤其是研究型大学,需要优秀的中国学生持续不断地输入其大学体系,参与他们的科研,并带来不菲的学费。所以,实际上,美国大学坚决反对美国政府针对中国留学生和中国学者的这种风声鹤唳的、麦卡锡主义的调查。

总之,华尔街的投资机构,还有当前东西海岸的高科技行业以及大学,事实上可以成为中美关系的重要稳定器。中方必须坚定不移地加强与这些社会群体的联系,考虑他们的关切,通过他们对付特朗普比我们发动舆论攻势要有效得多!比如,针对美国的跨国公司,必须讲明白中国下一步开放的重点对象就是它们,但前提是美国必须放弃贸易保护政策。总之，我们一定要理解，美国绝对不是铁板一块，白宫的极端措施所代表的只是情绪化的、狭隘的民族主义，而非整个美国。

第三，美国政治本质上是一场场法律博弈。以特朗普要求在美国和墨西哥边境修安全墙为例，他找到一个法律漏洞，即总统可以宣布国家紧急状态法，绕过预算限制。国会议员明知总统钻了法律的空子，却有苦难言，因为，如果他们否决特朗普的这一预算案、挑战国家紧急状态法，特朗普有权否决国会，而国会又无法动员 2/3 以上的议员再否决总统。国会怎么办呢？特朗普的对手民主党人拿起法律的武器跟他斗争。北加州一位联邦法官直接判决特朗普的国家紧急状态法违反美国宪法、不具有法律效力。特朗普对此十分恼火，到处说该法官原系奥巴马任命、故意掣肘。但是，不管特朗普如何抱怨，他必须按照游戏规则办事。下一个斗争焦点就是美国联邦最高法院是否认同该联邦法官的判决。

按照此理，特朗普把华为列为国家安全威胁和受监控对象，同时又声称华为是中美贸易谈判的"筹码"，无疑自相矛盾。中国的企业必须充分利用美国的相关法律法规跟特朗普周旋。例如，必须找准特别反感特朗普、又对科技公司和科技行业发展比较了解的联邦法官，在其辖区发起针对特朗普华为政策的诉讼。这当然需要认真做好功课，必须找到美国顶尖的律师团队。

特别重要的是，与美国谈判，包括中美政府谈判，本质上是与美国律师谈判，必须知己知彼，以其道还治其身。以法律为基础的美国政治运行机制使得律师发挥着举足轻重的作用，律师文化是深入到美国每一项政治运作中的，包括对外谈判。谈判中，律师的破坏力往往大于建设力，因为律师是把绝大部分精力放在"如果你不按合同办，我该怎么办"这类问题上，而不是"咱们一起头脑风暴一下，找到第三个方案"。事实上，此番负责中美贸易谈判的美方首席代表罗伯特·莱特希泽（Robert Lighthizer）就是律师出身。跟美国的律师谈判，要按照他们的思路和打法来与之周旋。首先，一上来就得"划红线"，讲明哪些事情坚决不能谈、剩下哪些事情可以谈；第二，"步步为营"，一步一步往前走；第三，反复讲明谈不成对对方和己方分别有何伤害。宁肯没有成果，也不可原则让步，一旦确定原则，就要认真抓住不放。知己知彼的前提是必须在外围雇佣美国顶级律师作为顾问。美国顶级律师的职业操守是一流的，职业信誉高于一切，超越国界，不该透露的信息绝不会透露。

总之，美国变了，今日的中美关系随之正在发生根本性的变化。在这种情况下，我们需要反复回归基本点，重新深入地了解美国，要学会站在美国的立场考虑中美关系，更要熟悉美国政治运作的游戏规则。古人讲"知己知彼，百战不殆"，这就是当今世界"百年未有之大变局"的一个重要思考点。

积极有效应对中美关系新时代

进入 2018 年以来，中美关系出现了一些极为复杂的变化。这些变化，客观地讲都是美方单边挑起的。那么，如何看待这些变化？中美关系是否会像很多人——比如美国哈佛大学的格雷厄姆·艾利森（Graham Allison）教授所说的，将陷入全面对抗的"修昔底德陷阱"（thucydide's trap）？中美此轮的贸易纠纷将最有可能以什么形式展开，将如何演变，最终出现什么样的结局？中国相关的产业——比如高科技和制造业，将会受到怎样的影响？

中美关系不可能陷入"修昔底德陷阱"的根本原因

对于中美关系，我们应该有一个非常客观和清醒的判断，而其中最根本也最重要的基点在于中美双方的诉求不同：未来中国的发展目标，并不是像美国所想象的那样，要变成今天的美国。中国的领导人，无论在中共十九大报告，还是各种国际场合，包括达沃斯世界经济论坛、博鳌亚洲论坛以及联合国的各种讲话中都反复强调，中国坚决维护现有的国际秩序，绝不另起炉灶，中国要坚定地按照世界历史发展的逻辑前进，世界历史发展的潮流就是和平与发展，就是开放与融通，更具体地讲，中国并不像西方那样谋求在军事上的统治力和影响力。

尽管中国的战略目标与当年的欧洲、今天的美国完全不同，但仍然总是有人问，将来中国强大了，会不会变？会不会像今天的美国一样，在世界各地投放军事力量，投射外交影响力，寻求政治代理人？可以说，这绝不是中国未来发展的前景，中国独特的文化传统和当前的治理体制都是很难在其他地区简单复制的。

从文化传统上讲，中国人骨子里追求的是"和而不同"，而西方文化以基督教、犹太教为基础，讲的是"信仰"，信奉唯一的上帝，要求其他地区的人民也要追求同样的信仰，所以在拉丁美洲国家，当时的做法就是信教的百姓可以不交税，不信教的百姓财产甚至生命安全都难以得到保障，这种强大的信仰的力量跟中国是完全不同的。

与此密切相关的，是中国老百姓有着根深蒂固的"家"的概念。历史上，华侨流落在世界各地往往是出于生活所迫，而他们在海外发展成功之后，最后还是要衣锦还乡。与此形成对比的是西方国家更追求"和而相同"。塞西尔·罗德（Cecil John Rhodes）独霸非洲南边的罗德西亚（今天的津巴布韦），从事的业务是钻石开采，他终身未娶，去世之前，他把自己所有的遗产都捐给了牛津大学，设立了"罗德奖学金"。他的理想就是把前英国殖民地的年轻学子集中在牛津学习，以西方的理念和价值观影响他们自己的国家。这是最典型的西方人飞黄腾达之后的心态。中国的文化和传统显然不是如此，中国即使在最辉煌的历史时期也没有进行过跨越海洋领土和宗教信仰的扩张。

当下，中国领导人所提出的"两个一百年"奋斗目标，归根结底就是领土的完整和社会经济的繁荣，以及由此带来的百姓生活条件的改善。经济的繁荣本身并不是零和游戏，中国经济的发展能够带来全球共赢的局面。而中国领土完整的诉求是非常明确的，边界也是非常清晰的，主要就是要解决台湾问题以及南海和钓鱼岛问题，这些要求和美国的核心利益并不构成最本质的冲突，毕竟中国与美国远隔万里的太平洋，在地缘政治方面也可能是全球相距最远的两个大国。

此轮中美之间的贸易争端将如何演进？

这一轮贸易争端的导火索毫无疑问就是特朗普当选美国总统。作为一个民粹主义的、商人出身的总统，特朗普在贸易问题上挑起与中国的争端其实并不奇怪，早在 2017 年年底，中国领导人对此就已经有了非常明确的思想准备。

本质上看，特朗普挑起这轮贸易争端，其最直接的目的就是竞选，"让美国再次伟大"是特朗普的竞选口号。我们再仔细分析，美国目前最核心的利益、最大的痛点，并不是它的高科技企业优势不再，也不是它宏观经济的下滑。事实上，美国如今在高科技领域，相对中国仍具有全面的压倒性优势，美国的宏观经济也正处于历史上非常好的时期——2018 年年底，美国的失业率降到了 3.7%，而且还在持续下降。

目前美国最大的痛点，就是有一大批过去经济兴旺发达、现在极其凋敝的城市地区——最典型的就是底特律。我曾经在底特律郊区的密歇根大学执教多年，最近又带着全家开车重回底特律城里，看到的图景基本可以用"核战争之后的战争废墟"来形容，极其悲凉。如何振兴美国这些像底特律一样地区的经济，这实际上是特朗普总统，也是所有美国人民最想解决的问题。当然，硅谷希望在高科技领域永远保持绝对的领先，但这不是特朗普核心的政治诉求，毕竟硅谷人士是特朗普不共戴天的政治死敌。

在振兴美国传统制造业、解决底特律问题上，中国实际上是可以提供帮助的，因为中国拥有一个庞大的、迅速发展的消费市场，美国在很多制造业产品的生产上仍然具有优势，比如说，美国对中国的汽车出口还有巨大的增长潜力，可以考虑投资建成多条生产线，增加100万到200万辆的汽车产能，由此带来10万新增就业。这些产品中国的市场都能够消化——中国每年的汽车销售量在3000万辆左右，再增加200万辆美国汽车完全没有问题。按照每辆汽车2.5万美元（换算到中国相当于零售价15万元左右的中高端车型）的出口价格计算，每年就可以减少美国对中国500亿美元的贸易逆差。这是一个非常大的数字，将超过美国对中国的大豆出口。

我们必须看到，特朗普作为一个商人，也是一个谈判高手。他谈判的第一原则就是要提出极其无礼、看似荒唐的条件，同时使用极端手段威胁。在中美贸易谈判这个关键时刻，中兴通讯被美国商务部重罚绝不是巧合，一定是特朗普政府精心策划的一次重大的威胁，这也是谈判的一部分。在中国方面，尽管我们在高科技领域没有优势，但是必须看到，美国这一轮的挑衅，是对全球生产链和供应链的一次挑衅。中国虽然在很多领域没有完全掌握核心技术，但是中国作为世界生产链的重要组成部分，在其他的领域，完全可以针对美国提出有效的回应和威胁。比如说可以根据中国目前的法律和管理条例，对几乎是在中国独家生产的苹果手机、苹果电脑等产品进行惩罚，以此反击美国对中兴通讯无理的制裁。

总的来讲，当前中国经济的回暖超过社会预期，也超过要实现"到 2020 年，全面建成小康社会"以及"到 2035 年，基本实现社会主义现代化"目标的增长要求。因此，中国在经济领域完全打得起贸易摩擦。必须清楚地看到，美国面临的是短期选举，目标是短期的，中国的目标是中长期的，因此综合来看，如果打贸易摩擦的话，中国政治上扛得起，美国竞选扛不起。

根据这一系列的分析，应该说中美之间完全有可能达成一个双方都比较满意的、最后是双赢的协议。贸易摩擦的最终结果应该是维护当前全球化的格局，维持全球市场供应链的平稳运行。同时，中美也会彼此照顾对方的利益：中国支持美国重点地区的产业振兴，中国在经济和非经济领域关心的重大问题，也得到美国方面的支持。

这一轮贸易摩擦对中国战略性新兴产业的影响

必须看到的是，当前中国经济正处于迅速赶超过程，从结构上讲，中国的产业布局基本完成。中国的人才力量，包括年轻的工程师资源极其丰富，政府对科技创新的支持也更为积极主动，因此，中国产业升级的大图像不会改变。但经过这一轮的贸易摩擦，中国扶持科技产业发展的策略很可能会有所改变，比如说，对科技创新的项目支持可能会更加开放，可能支持一些外资企业在中国研发新技术——外资企业只要是在中国研发、只要在研发过程中和中国企业紧密配合，都能得到政府的支持。

当前，中国企业在一些利润很高的产业已经出现了全面赶超的态势，比如说汽车行业的运动型实用汽车（SUV）、中低端家用轿车领域，中国的自主品牌不但销量迅速上升，市场份额也在不断扩大。有理由相信，在芯片和芯片加工等领域，中国在不久的将来也会取得长足进步，因为这些行业的利润非常高，但前期投入比较大，而前期投入所需的资金中国总体上是不缺的。

最具有不确定性，也最需要社会各界共同努力的，是对一些表面上看没有盈利点的技术平台的建设，比如说操作系统的建设、网络协议方面中国标准的提出。这种工作，短期来看单个公司并没有明显的盈利点，但对整个信息科技产业的发展却起着最基础的支撑作用，也是中国产业升级过程中最大的难点。因为我们毕竟是后来者，在操作系统问题上，苹果系统、微软系统、安卓系统已经形成了"三足鼎立"的格局，中国能否诞生一个新系统，有巨大的不确定性。也有人讲，未来微信就是一个操作系统，每次我们打开手机，第一个界面就是微信，所有的程序都要以微信为入口，比如使用共享单车、订餐，这也许是个方向，但是现在看来还不明朗，需要各方共同的努力。在这个问题上，中国的互联网巨头，尤其是"BAT 系"有着不可推卸的社会责任，这些企业的发展必须和解决社会的痛点、破解国家的难题相结合。

　　我相信，由于中国目前市场巨大、人才聚集、资金充足，中国的高新科技产业在不久的将来一定能够形成一个与美国既相互合作又相互竞争的局面。这对全世界而言也是一个巨大的福利，全世界不能只依靠美国一家搞高科技，多一家竞争，多一个选择，对世界各国人民，包括中美人民，都有好处。这就好比电脑的操作系统只有微软、没有苹果的话，相信用户的体验将会大幅下降。

　　总之，我们进入了一个中美全面竞争的新时代，如何应对这一新的挑战，对两国领导者和两国人民都是重大考验。

合理应对中美贸易摩擦应避开三大低级误区

当前中美贸易摩擦仍然处于胶着的状态，具有很强的不确定性，各种信息瞬息万变，搅动着投资者和普通民众的心，引发普遍焦虑。特朗普政府惯于释放各种彼此矛盾的信息和纷繁复杂的信号，时而咄咄逼人、极端施压、一意孤行，时而态度缓和、积极准备谈判。对此，中国民众应该保持理性，尤其要注意防范三大低级误区。

误区一：特朗普政府 = 美国

第一大误区是简单地认为特朗普政府就是整个美国，把特朗普政府与美国人民混为一谈，对美国各阶层民众不加区分，把反对特朗普政府的具体政策升级为与美国整体的对立。这无疑是个低级错误，我们需要保持清醒，绝不可在这一点上犯错。

我们必须看到，特朗普政府在许多问题，尤其是对华政策上，不能够完全代表美国各阶层民众的利益。总体上讲，美国的绝大多数民众对中国是友好的，他们是从中美贸易中获得了实惠，并愿意持续推动中美贸易乃至整个中美关系的发展。这其中至少包括三类不同的利益集团。

第一类利益集团就是我们熟知的、传统的"国际主义精英",他们旗帜鲜明主张国际主义,强调全球化对世界都有好处,但坚持应由美国创造和主导全球化规则和进程。其代表人物是亨利·艾尔弗雷德·基辛格(Henry Alfred Kissinger)、本·伯南克(Ben Shalom Bernanke)、劳伦斯·亨利·萨默斯(Lawrence Summers)、亨利·保尔森(Henry Merritt Paulson)等。他们希望中美在美国所创造和维护的全球化制度下深化合作,但着眼点主要是美国本身的利益。总体上讲,他们认为中美应该合作,希望中美通过谈判达成协议。

第二类利益集团是普通民众,是美国人数最多的利益群体,他们对中国乃至整个世界事务都缺乏了解,只关心自己的工作、收入以及消费。在该类人群中,绝大部分民众是从中美经贸关系乃至整个中美合作关系中受益的。例如,他们所工作的公司在中美贸易中获得盈利,这些利润部分地转化为员工收入,提升了员工的生活水平。一个典型案例是通用汽车公司,长期以来,该公司的主要利润来源是与上汽集团在上海的合作。2008年全球金融危机爆发后,通用汽车曾遭遇严重困境、退市、破产,但经过重组,2010年得以重返华尔街,其中一个关键因素就是通用汽车在全球尤其是在中国市场的盈利能力和发展前景得到了投资者认可。在这个意义上,中美经贸合作挽救了通用汽车,也保障了其员工的正常收入和生活。另外,这一类人群也从中国出口到美国的物美价廉的消费品中获利,中美贸易使得他们能够以更低的价格购买电冰箱、电风扇、衣帽玩具等日常用品。

第三类利益集团是那些强硬的军工联合体的代表。他们出于局部的利益，认为中国是美国在战略上的敌人，因此美国必须扩大军费开支、强化军事建设、在中国周边布局更多的军事力量，以遏制中国。坦率地说，该类人群的利益与美国整体的利益是不一致的，他们绝对代表不了美国人民的根本利益。

总之，我们要看到，特朗普政府的政策是以上三类利益群体博弈的结果。有时，第一类和第二类群体的利益代表占据主导，中美合作就得以持续推进，而最近一个时期以来，可能第三类群体的利益代表占了上风，中美冲突就有所加重。但是无论如何，我们不能泛化对特朗普政府的批评，把对特朗普政府具体政策的批评扩大成对整个美国社会的批评甚至与美国整体的对立，这会让我们丧失反制措施的针对性，影响我们政治分析和决策的精准度，对我们合理应对特朗普政府的对华贸易政策非常不利。

误区二：凡是美国要求的都是对我们不利的简单思维

第二个低级的误区就是认为凡是美国要求的我们就应该反对，凡是美国反对的，我们就要拥护。这种简单的非黑即白、你输我赢的思维是有害的。事实上，在很多问题尤其是经贸问题上，我们先不要管美国人要什么，而是应该首先搞清楚中国经济自己需要什么。我们要清醒地认识到中国经济必须高质量发展，必须创新升级，因此改革开放必须继续前进。

我们要认识到知识产权保护必须进一步加强，这对于通过创新来提升我们的整体经济活力是至关重要的；法治建设也必须要加强，这对于包括股票市场在内的各种市场的运作是至关重要的；国有企业的改革也必须前进，截至 2017 年年底高达 183.5 万亿元、相当于 GDP 两倍规模的国有资产必须提高经营效率，国有企业的内部机制必须按照经济规律加以改造，这些都是我们自己所需要的。

美国方面的诉求可以总结为两个层面。第一层是美国人急于干涉、急于求成、颐指气使、咄咄逼人，这种态度和做派是中国绝不接受的。在这个层面上，对于美国的不合理要求，对于美国粗暴干涉我国内政的做法，要坚决地予以回应和拒绝。

第二层是美国要求中国方面做出的一些具体改变，其中一些在一定程度上与中国自身确立的改革方向是一致的。我们必须清醒地认识到，许多方面是符合中国长远发展利益的，绝不能因为是美国人提出的要求，我们就盲目反对。这就意味着我们要把美国的谈判方式和具体谈判要求进行区分，要把美国人那种律师思维、干涉他国内政、将本国法律条文和执行方式强加给外国的态度与美国实际提出的要求区分开来，不能机械地认为和美国无法谈判、无法协商。

误区三：抵制美国的一切，停止学习可以为我所用的优点

第三个误区是因特朗普政府的强硬对华政策而抵制美国的一切，不再虚心学习美国很多方面的优点。我们在民族复兴的道路上继续前进，必须要虚心学习世界各国的长处。美国是当今世界的第一强国，

它之所以成为强国，一定有值得我们学习的独到之处，绝不能因为美国部分人士把中国当作战略对手而加以遏制，或把我们当作学生颐指气使，就盲目地否定美国的一切。

具体而言，美国及美国民众的以下特点值得我们学习借鉴。

首先，美国人民积极乐观的心态特别值得我们学习。比如说，美国很多球迷都坚定支持自己喜欢的球队，但不同球队的"铁粉"之间很少打架闹事。若某一场比赛甚至某一赛季自己的球队表现不佳，球迷也仍然不弃不离，承认比赛结果，不找借口，鼓励球队寻找问题、继续前进。最典型的例子是，美国职业棒球联盟中的波士顿红袜队在将近100年的时间里有90多年得不到冠军，但红袜队的球迷却以可爱、忠诚而闻名全国，其中不乏哈佛以及麻省理工学院的教授。

第二，美国民众包容、尊重多元性的文化特质也值得我们学习。美国是一个多民族、多文化的国家，素有"大熔炉"之称。总体而言，自建国以来，美国社会对多元文化的包容程度不断提升，美国民众大多尊重他人的先天特质与人生选择，能够与"不同于己者"和谐共事。正因如此，不同肤色、不同民族、不同个性、不同性取向的人都能享有相对稳定、心情舒畅的生活，在工作岗位上发挥自己的聪明才智。对多元性的包容与尊重，是创新进步最基本、最重要的土壤。

第三，总体而言，美国民众尊重法律、尊重规则。以当下的形势为例，尽管许多民众对特朗普的很多行为嗤之以鼻，但特朗普毕竟是民选总统，是美国政治制度的产物，因此，美国民众服从其执政，不会违法冲击白宫、冲击移民局。美国民众更认可通过法律途径解决与特朗普的纷争，他们支持律师在巡回法院、联邦最高法院对特朗普的行政命令提起诉讼，以此纠正总统的不当做法。美国民众的这种规则意识、法律意识往往不被外界所理解。许多人认为美国是一个终极自由社会，人民可以为所欲为，但事实并非如此。

同样的，中国也可以向日本、德国、英国等不同国家虚心学习。我们可以学习日本人的精细化管理精神，孜孜不倦几十年如一日把"小事"做好做精。我们可以学习德国人的严谨性和纪律性、理性思维与长远目光。我们可以学习英国人实事求是、明察形势的机敏——总体而言，过去500年英国没有在国际战略上犯任何重大错误，这种国际政治运作能力值得我们学习。同时，我们也应学习英国人在社会科学尤其是经济学领域分析现实、提炼理论的话语能力。英国是现代经济学的起源地，至今英国仍然是最擅长活用经济学乃至整个社会科学思维的国家之一。

在当前中美贸易摩擦日益复杂甚至出现升级迹象的国际环境中，我们应更加虚心地向世界各国学习。唯有如此，中国才能战胜当前困难、继续前进，实现中华民族伟大复兴的梦想。

从达沃斯看中国的新角色

每年一度在瑞士达沃斯举行的世界经济论坛年会都是窥视世界格局变迁的重要窗口，2017 年 1 月的达沃斯论坛尤其如此，其很可能成为折射未来世界经济变局的一个里程碑式的重要会议。

在这次会议上，中国国家主席习近平高屋建瓴地阐述了中国对当今世界一系列重大问题的看法，尤其是提出"当今世界经济增长、治理、发展模式存在必须解决的问题"，"我们既要有分析问题的智慧，更要有采取行动的勇气"，① 必须务实地推进全球化，而不是开倒车。这吹响了中国风格的新型全球化的号角，明确树立了中国作为全球治理和全球化新领军者的定位。

与此形成鲜明对比的是，与会者对特朗普未来执政的种种分析以及对整个西方国家未来一段时间政治经济格局变迁的分析偏于悲观，由此可以得出的结论是，西方正在逐步从全球化进程以及全球治理领导者的地位上全面退出，并将各自为战，进入一个比较混乱的发展时期。这对中国而言意味着新的领导机遇。

---

① 《习近平谈治国理政》第二卷，外文出版社 2017 年版，第 480 页。

特朗普上台标志着美国独大时代的终结

达沃斯论坛上，欧亚集团总裁、国际政治学者伊恩·布雷默（Ian Bremmer）鲜明地指出，特朗普的上台与其说是反映了美国民众对现实的不满，倒不如说是更加深刻地反映了美国已经告别其全球绝对老大的地位。

他指出，特朗普一再批判克林顿、小布什以及奥巴马的一系列执政的错误，其实仅仅在于他想批判他们的政策导致了美国相对地位的衰落，美国再也不是那个一国坐大、一言九鼎的大国了。美国相对地位的下降，给民众包括精英人士带来了种种冲击。比如说，美国已经不可能以一己之力主导中东政治格局，美国也不可能在国际贸易问题上说一不二了。这就导致了美国全体国民的失落。因此，从本质上讲，美国必须接受它作为多元化全球体系一员的历史新地位。

特朗普代表不了民众意志，其执政的基础极其不稳

很多参会者指出，特朗普并不是一个真正代表大多数美国民众意志的总统；相反，他是阴差阳错借着一股巧劲儿上台的。事实上，特朗普在美国大选中并没有得到绝大多数选民的支持，其大选总票数是输给希拉里的，他某种程度上是利用了美国中西部两个州以及宾夕法

尼亚这一东部州部分白人工人的不满，钻了美国选举制度的"空子"才上台的。因此，特朗普的上台，跟当年里根和撒切尔夫人上台的背景完全不同，其事实上导致了美国政治的分裂而不是团结。

果不其然，达沃斯论坛之后，在特朗普宣誓就职之时，全美国乃至世界各地出现了几百万人的抗议大游行。特朗普时代，可能是一个分裂的时代，而不是一个一致向前进的时代。

在政治运作层面，这可能意味着国会许多议员不愿与白宫合作，因为他们担心本选区百姓对特朗普极为反感从而影响自己的连任。

特朗普政府的行政能力备受质疑

在达沃斯不同分会场上，参会者纷纷议论，特朗普政府的行政能力可能非常值得怀疑。很多经济学者指出，特朗普政府没有富有经济政策经验的经济学者做后盾，这跟里根时代完全不同。当年，里根时代的"供给学派"受到美国哈佛大学教授马丁·费尔德斯坦（Martin Feldstein）等学者支持，而特朗普政府内部没有一个训练有素的经济学家。

与严肃学者形成鲜明对比的是，在达沃斯有一位特朗普团队的"大腕"，戴着墨镜，随员、记者前呼后拥，来往于各个分论坛，他叫安东尼·斯卡拉穆奇（Anthony Scaramucci）。他和我在一个讨论全球货币政策何去何从的公开论坛上同台，并无特别观点。会后一查，才发现此兄是法学院毕业，高盛投资银行原高管，后来创办自己的资产管理公司，是典型的华尔街人士。

另外，特朗普政府缺乏富有行政经验的前政府官员，其成员多为大企业和高盛公司的前任高管以及退休将军，他们可能并不精通政府和国会运作的方式，这可能导致特朗普政府执政早期遇到很多困难，举步维艰。

综合以上分析，不仅特朗普政府执政的民意基础非常不稳，其政策制定和实施过程也可能极其困难。但是特朗普本人是极其高调、唯恐没有争议的政客，因此，特朗普政府很可能在传统的政策制定的战场上屡战屡败，而特朗普很可能在四面碰壁的情况下，不按常理出牌。中国方面必须做好思想准备加以应对。

中国应高举新型全球化大旗，坚定信心，沉着、务实应对新变化

面对特朗普政府的种种挑衅和政策冲击，中国方面一定要坚持大局、正面回应，不与特朗普在低层次舆论战上过分周旋，而应该沉着应对，分清特朗普政府的虚招和实招，不过分回应，同时在核心环节抓住特朗普政府的软肋，例如特朗普政府与包括高盛在内的美国大企业关系密切，中国可以盯紧美国若干有国际影响力的大企业，加强与它们的沟通，做好它们的工作，让它们明白开全球化的倒车对美国经济不利，对美国大公司尤为不利。

全球已经进入一个以美国为代表的西方国家相对回缩、中国在国

际治理和全球化方面大步向前的新时代。2017 年的达沃斯论坛以极其鲜明的方式向我们展示了这一全景。这是一个崭新的时代，给中国的发展提供了崭新的机遇。

理解 21 世纪的资本离不开中国

2008 年全球金融危机爆发之后，西方世界步入了一个痛苦的恢复时期。尽管主要发达国家的 GDP 已经出现增长，但是在几乎所有的发达国家，大家突然发现这个世界变得不如危机前那么美好，经济的恢复似乎是富人的恢复，是华尔街盛宴的重开，发达国家的市场经济将向何处去？应该推行怎样的改革？今天的发达国家虽然有20 世纪 70 年代末、80 年代初那样的困惑，但却没有形成一个统一的、符号清晰、方向明确的意识形态，既没有出现撒切尔夫人、里根总统推崇的供给学派，也没有出现罗斯福总统所大力推行的凯恩斯经济学。

在这个大背景下，法国经济学家托马斯·皮凯蒂（Thomas Piketty）的新作《21 世纪资本论》（*Capital in the Twenty-First Century*）一经出版，即毫无悬念地登上了西方畅销书排行的榜首，同时引发了激烈的争论。

中国读者应该如何理解这本书？他的观点是否靠得住？他的预测会不会发生？他给当代市场经济开出的药方准不准，有没有可能实行？这对于已经融入全球市场的中国至关重要。为此，我们有必要做一番非常仔细的分析。

皮凯蒂的两大发现

皮凯蒂在书中大量地引用了他本人及其他经济学家的统计数据阐述了他的两个发现。

第一，过去 300 年以来，在发达国家的市场经济（在这里，我有意识地避免使用"资本主义经济"这个词，因为资本主义带有明显的意识形态色彩，在公众心目中，它往往用来描述 19 世纪末 20 世纪初发达国家的市场经济制度安排，而今天发达国家的基本经济体制已经和 100 多年前完全不同了）运行中，资本与国民收入之比[①]出现明显的规律性的变化，即，1700 年到 1910 年，该比例高达 600％—700％；1914 年到 1945 年，其下降并稳定在 200％—300％；而 20 世纪 80 年代英美等国开始推行新自由主义政策之后，此比例逐步上升，达到 500％—600％，而且还在提升。与此同时，财富所得占整体 GDP 的比重在提高，从 1975 年的 20％左右上升到 2010 年的 25％—30％。

第二，该书的另一个重要发现是，资本所有权的集中度或者说是不公平性在上涨，比如，美国 1%最富有的人群所占有的资本量从二三十年前的不到 10%上升到今天的 20%以上。

基于这两个发现，作者得出一个推论，那就是现代市场经济出现了严重的问题，财富存量在不断提高，财富所得占 GDP 的比重也在

---

① 在其书中反复使用国民收入而非国内生产总值即 GDP 的概念，前者是一国居民的总收入刨除折旧，而非在本国发生的经济活动的总量，它与本国居民的福利结合更紧密。

提高，而财富分配日益不均，当今世界发达国家食利阶层的财富比例回归到第一次世界大战前的水平，食利阶层正在恢复，一个符合民主、公平理念的市场经济正在远去，因此，必须采取极端的措施加以解决。作者提出的一个政策建议是在全球范围内对高净资产人群和资本高额征税，以此来解决财富差距扩大的难题。

应该说，皮凯蒂和他的研究团队经过近十年的研究，所做出的以上两个历史性发现是有确凿证据的。尽管英国《金融时报》的记者对此提出了一些疑问，整体经济学界是接受皮凯蒂的统计研究工作的。这是他研究的重要贡献，必须充分肯定。

如何解释和理解皮凯蒂的发现

问题是，该如何解释这两个重大发现，并在此基础上预判这两大趋势是否会延续？

皮凯蒂在书中声称，这两个趋势是当代市场经济发展的必然规律，必须采取制度性的手段才能抑制其发展。但是，他对这两个趋势的解释，在经济学界引起了极大的争议，大部分主流经济学家基于有关文献的研究提出了异议。

第一，资本和收入之比上升的原因何在，其是否还会持续上涨？对此，皮凯蒂提出了一个简单的理论：资本 / 收入的比例，取决于一个经济体的净储蓄率（用 s 表示，即国民总收入减去包括政府支出在内的国民消费，再刨除折旧，结果除以 GDP）与实际 GDP 增长速度

(g)。s/g 越高，资本与收入之比越高。他认为，由于发达国家技术进步放缓，g 在下降，而 s 不变，所以，资本与收入之比不断提高。

事实上，这一简单的说法仅仅在稳态情况下成立，即净储蓄率 s 不变。但是，皮凯蒂的第一个发现是资本与收入在不断提高，这几乎就意味着 s 一定在不断下降，因为折旧与资本存量是正比例关系，资本高到一定程度，折旧最终会吞噬整个储蓄毛额，乃至导致净储蓄为零。更重要的是，当投资不断上涨的时候，资本的存量固然会上涨，但其边际产出最终会不断下降，这是上百年经济学研究的基本结论。这里，尤其要考虑到资本将越来越难以取代劳动力，用经济学行话讲，就是资本与劳动的边际替代弹性会下降，这就意味着资本的产出效率会越来越低，所以，资本获得回报的能力在下降，乃至整体资本回报占国民收入的比例会下降。也就是说，皮凯蒂的发现恐怕不能简单地预测未来。

第二，关于财富或者资本分配的集中度的上涨，皮凯蒂也给出了自己简单的理论。他认为，只要刨除折旧的资本净回报率 r（发达国家约为 4.5%）大于经济增长速度 g（发达国家约为 1.5%），那么这个社会的资本 / 财富分配量就会越来越不均匀，资本拥有量高者越来越富。

这一理论与现实也不见得相符，其原因是，即便资本的回报率上升，资本所有者也有可能挥霍掉自己的资本，其非生产性资本有可能在经济过程中不断被转化成消费，同时，其生产性资本也有可能不断折旧，因此，财富拥有者本身的财富并不一定会持续上涨。

现实中，在很多国家，财富和资本的传承是不连续的，中国人有

"穷不过三代,富不过三代"之说。我和我的研究团队近十年来进行了中国古代经济结构的分析,我们发现,从北宋到清代中后期的人均GDP是下降的,经济增长速度也极低,一般在0.3%以下。在这个背景下,资本与土地的回报率远远超过GDP增长速度,但是,由于大量资本所得的储蓄并没有进入生产领域,而是变成了非生产性财富,同时,由于中国历史上没有长子继承制,所以,财富在富人众多的子孙后代中均匀分配,导致财富跨代之间的相对集中度并不是很高。家族的破落在中国历史上非常普遍。

从中国经济崛起的视角考量皮凯蒂发现的局限性

除了以上研究方法上的讨论,还可以从什么角度考量皮凯蒂的这两大发现呢?

我认为,必须把全球的市场经济发展包括中国经济的崛起作为一个整体来研究,才能有全面深入的理解。也就是说,眼光不能仅仅局限于20多个发达国家,这是皮凯蒂研究的最大局限性。

我们知道,第二次世界大战结束以后,全球掀起了一轮反殖民化的民族独立浪潮,许多非发达国家,尤其是前殖民地国家,纷纷走向了独立自主的发展道路,经济发展相对封闭。

因此可以说,第二次世界大战结束后的近30年间,发达国家包括英美两国的市场经济是在一个相对封闭的自我循环中发展的。在这个大背景下,其劳动力相对资本的稀缺度在提高,劳动力变得相对昂贵，加上各种各样社会福利保障制度的实施，使得劳动收入占 GDP 的比重相对稳定在较高水平，而资本收入占 GDP 比重相对较低。这导致了第二次世界大战后近 30 年资本积累在发达国家相对比较慢的格局。

但是 20 世纪 80 年代以后，由于全球化的加速，尤其是以中国为首的一批新兴市场国家的崛起，使得发达国家的资本和技术在全球范围内获得了越来越高的回报。同时，新兴市场国家充沛的廉价劳动力又反逼发达国家的劳动力市场发生巨变，其中包括工会力量的削弱和工资增长的相对放缓。这一革命性变化导致了发达国家资本回报率的上涨，比如德国工人的工资过去 20 年增长缓慢，而企业利润快速上升，这恰恰解释了为什么这一时期发达国家资本存量的比例会不断上涨。

按照这个思路再往下看，当前中国经济已经出现了重要的格局性变化——劳动力相对短缺，劳动收入占 GDP 的比重开始提高，蓝领工人的工资开始上涨。由于中国经济在全球经济中占有举足轻重的地位，这将在全球范围带来连锁反应，导致一场新的格局性变化，那就是在全世界范围内，劳动力与资本的相对谈判能力将会提升，劳动收入的比重将有可能逐步提高，发达国家资本的积累速度将会放缓。而由于中国的储蓄率仍然较高，中国的资本存量与 GDP 之比还在不断提高。

中国的因素必须放入整个世界经济格局变化的考虑之中，如果分析的过程中忽略了中国，就会歪曲经济事实。事实上，如果把全球百姓的收入分配和财富分配统一起来计算的话，那么，过去 30 多年，全球收入最高的 10% 人群占全球总收入的比例，以及全球财富最高的 10% 人群占总财富的比例一定是缩小的，即全球整体的收入差距是在缩小的。为什么？因为 30 年前极为贫困的中国等经济体的收入水平，今天已经得到了大幅度提高，财富水平也提高显著。因此，把眼光放到全球来看的话，皮凯蒂的两个发现恐怕就要反过来了。

政策建议尤其值得推敲

那么，皮凯蒂的政策建议是不是站得住脚呢？是否应该像他说的那样，以高税率的方式对高收入和高财富者征税呢？

这方面，他的分析尤其显得不够深入，因为影响一个社会的市场经济制度安排的因素有很多，其中有诸多关键的细节需要特别研究。比如说同样是市场经济国家，德国由于在公司治理结构中引入了工会或职工等利益相关者的代表，不仅使得资本的力量得到了约束，而且促进了劳资合作，工人罢工的比例大大低于英美国家，也并没有像美国那样出现贫富差距扩大的现象。再比如说，德国并没有像美国那样脱离实体经济发展金融业，金融业的发展也受到严格的管制，而实体企业的发展又得到了政府的持续支持，家族式的实体企业如果能坚持经营的话会完全免除遗产税，这种长期扶持生产性资本、鼓励家族企业通过资本拥有参与管理的方式，看起来是长期有利于经济发展、带来资本和社会共赢的一种重要的制度安排。总之，当地的市场经济运作中有太多的制度安排，可以促进资本与劳动者的和谐，完全不必采取矛头指向财富或资本的极端措施。这些措施往往会带来整个社会的分裂、经济发展速度的下降。

财富与资本的本质性区别

最后，应该特别强调的是，皮凯蒂的研究没有厘清财富和资本的区别。财富应该是广义的，既包括生产性的资本，如股票等，也包括消费性的财富资本，如住宅等；而资本一般指的是直接参与生产和分配过程的生产要素，它能够扩大生产规模并带来回报。厘清这两个概念非常重要，因为在现代社会，财富分配的差距主要体现在生产性资本的差距上。比如比尔·盖茨（Bill Gates），他的财富主体部分并非住房、汽车、收藏，而是他所拥有的微软股权，其价值使他的财富在全世界名列前茅，与普通人差距巨大。

而且，生产性资本的本质与消费性财富完全不同，二者也并不成正比，生产性资本占有多的人，不见得消费就高。据此，财富差距的扩大主要来自生产性资本的差距，它不等于社会福利差距的扩大，相反，占有生产性资本多的人，不见得享有等比例更高的社会福利。

如果全社会真正认同皮凯蒂征收高财富税背后的哲学理念的话，倒不如针对超高消费包括超高消费性财富征收累进税。

厘清这两个概念，才能认识到制度改革过程中的关键——减少高财富尤其是高生产性资本群体对于社会决策过程的过分干预。一旦高财富尤其是高资本人群对社会决策过程拥有了特别大的发言权，他们

将会改变整个社会的发展方向，而他们不一定能代表这一方向，这才
应该是讨论的重点。简单地把讨论放在总体财富分配本身上，可能会
有相当的误导性。

总的说来，皮凯蒂的书精于选题，细于数据，但疏于理论，粗暴
于政策建议。

但在此，我特别想强调，一本畅销书的影响往往远远超越学术领
域。尽管在学术上，皮凯蒂的《21 世纪资本论》不一定完全得到同
行的认可，但是，非常有可能的是，它将引发一场西方国家政治经济
理念的大辩论和大革命。撒切尔夫人和里根的意识形态遗产，有可能
因为一个法国经济学家的畅销书而发生动摇和逆转。

亚投行推动国际治理体系改革

亚洲基础设施投资银行（简称"亚投行"）由习近平总书记在 2013 年 10 月提出，继而引发了全球关注，一大批美国的铁杆盟友包括英国、加拿大等纷纷倒戈，表示愿意加入或者考虑加入，成为亚投行的创始成员国。

这是千载难逢的机遇，中国应该抓住这一难得的机遇，吹响国际经济治理体系改革的号角，给世界经济带来一股久违的新风！

背景：布雷顿森林体系面临改革

1944 年 7 月，在美国新罕布什尔州布雷顿森林召开的国际会议，奠定了第二次世界大战后 70 年国际经济治理机构的基本框架，当时国民政府派出了由孔祥熙带领的庞大队伍，人数第二，仅列东道主美国之后。谙熟洋务的孔先生精心准备了中国方案，可惜国力孱弱，无人问津。叱咤风云、意气风发的英国代表、大经济学家凯恩斯，更是踌躇满志，提出了一揽子方案。可惜国际秩序是靠实力说话的，最后的协议基本上就是美国制作，凯恩斯是乘兴而来，败兴而归。

此次会议确定的国际体系由"三驾马车"组成：维护自由贸易的 ITO（即国际贸易组织，后来由于美国国会的阻挠无法成立，遂降格为关贸总协定，1995 年又升级为世界贸易组织）、稳定国际金融的国际货币基金组织（IMF）、帮助贫穷国家发展的世界银行。过去 70 年来，这一体系为解决全球重大问题、应对各种危机做出了一定的贡献。

但是眼下，这个维系世界经济增长 70 年的战车已显疲态，亟须改革。而美国作为这个体系的维护者和受益者，最近几年来表现出明显的惰性，不仅不能提出改革的方案，而且对已有的改革方案进行阻挠和破坏。最明显的例子是，美国国会对于 IMF 投票权的改革方案迟迟不予认可，导致包括欧洲国家在内的许多成员国强烈不满。

欧洲国家包括英国事实上是这一轮 IMF 改革的短期利益牺牲者，虽然它们被削减的投票权是最多的，但它们也同意了改革方案，而在改革方案中美国的让步很少，它却始终表示反对，这引发了众怒。这就解释了为什么英国带头，加拿大等发达国家联合造反，倒戈投向中国。这实际上是一个重要的信号。

事实上，在此之前，英国、加拿大等美国的盟友已在人民币国际化等问题上积极推动与中国的合作，与美国的态度形成了鲜明的对比，直接地冒犯了美国。这充分显示美国极力维护的美元霸权在国际上已经不得人心，美国的盟友们在美元这一核心问题上已经跟美国分道扬镳，亚投行只不过是把这一新的格局更加明白无误地展现在人们面前。

美国的傲慢：现行国际治理体系的基本问题

由美国主导的现行国际经济治理体系，存在三个基本问题。

第一，它没有回应以中国为代表的新兴市场国家新的诉求，而仍然维系发达国家在国际治理体系中的霸主地位。以 1997 年到 1998 年的亚洲—俄罗斯金融危机为例，今天连 IMF 自己都承认当时的政策指引是错误的。当年亚洲国家爆发金融危机，发达国家包括美国袖手旁观，甚至落井下石，IMF 开出的政策药方是：紧缩、紧缩、再紧缩。在金融市场一片混乱的情况下，反而要危机国收紧货币政策、收紧财政政策。这相当于在房屋失火的情况下，拧紧了本该救火的水龙头。这些建议是完全错误的，方向是相反的，这一点 IMF 在自我评估中已经完全承认。而导致这一问题的根本原因在于，IMF 并未真正立足于新兴市场国家的利益进行考量。反观 2008 年全球金融风暴中，美联储、英格兰银行采取了跟 1997 年 IMF 所提倡的政策完全背道而驰的举措，其实质是"宽松、宽松、再宽松"，起到了比较好的救市效果，促进了美、英等国经济的较快恢复。

也许有人质疑，上述 IMF 的政策是其内部工作人员的认识或水平有限所致。其实，根据我与 IMF 多年的打交道的经验来看，IMF 的职员素质是非常高的，而 IMF 的管理是异常集中的，稍微重要的政策报告（如人民币汇率）和出资必须集中审批，审批的核心是 IMF 的 ED（执行董事）委员会，而美国在 ED 委员会内外的影响力特别大。正因为如此，IMF 不可能认真按照 IMF 章程监督、指导美国的货币政策和财政政策，公开的批评更是不可能。换言之，美国是班长，IMF 是他任命的课代表，班长不交作业，课代表无可奈何。

第二，在 IMF 与世界银行中，美国不愿放弃其独一票否决的地位，引发众怨。上述 IMF 投票权的改革已经让美国的意图彰显于世，之前世界银行行长人选的博弈也体现出美国的霸道做法，即坚决不允许非美国公民当选。当下，IMF 投票权改革已经破产，而 IMF 自己的备选方案（所谓的"B 计划"，即 Plan B）目前还没有推出。另一边，世界银行的内部管理目前也十分混乱，士气低落。事实证明，现任世界银行行长并不是一个强有力的领导者，有可能沦为世界银行史上最无力的行长，他作为一位卫生领域的教授，对于经济发展、扶贫乃至大机构的内部管理都显得力不从心、经验不足。按照商业机构的逻辑，这样的 CEO 应该提前下岗，但是美国却不甘心自己任命的 CEO 就这样下台，这太让白宫丢面子了。

第三，美国作为最大的国际货币发行国，没有担当其应有的责任。美国经济的恢复得益于其自身的量化宽松政策，而美国当年在量化宽松政策推行的时候却指责外国的货币对美元升值。而今天，当美国经济自身恢复健康之时，美国却开始收紧货币政策，完全不考虑此举对其他国家包括新兴市场国家所产生的影响。这种国际货币的发行者完全以本国的经济利益为考量、不考虑其他国家情况的做法，在全世界看来都是不合适的。按照上述分析，IMF 不可能提出任何有约束力的意见。

凡此种种问题，就连美国自己的战略盟友也已经看不下去。于是，英国等国家纷纷选择加入亚投行，以行动表态，可谓"冰冻三尺，非一日之寒"。

焦点：亚投行应该如何制度创新？

中国政府所倡议的亚洲基础设施投资银行，从严格意义上讲，与现行的国际经济金融机构并不矛盾。因为它的运作领域主要是在亚洲，而投资方向主要是基础设施建设。但是为什么它却引来国际上广泛的关注？中国方面又能够借亚投行的设立达到什么目标呢？

笔者认为，最关键的是要给这个世界带来一股新风，通过制度创新让世界看到，中国作为一个负责任的新兴大国，也是一个具有古老文明传统的大国，能够给这个世界带来崭新的理念。

第一，使命要清晰，定位要体现出无私的境界和道德的高度。从这一角度出发，亚投行的使命应该定位于为亚洲地区的广大民众谋求长期经济发展和繁荣，换言之，亚投行不是为中国的狭隘利益服务的，它的目标是带动周边国家经济的长期发展。如此清晰而高尚的使命，在全球范围内都会具有感召力。

第二，治理机制必须要有创新，决不搞美国式的霸道条款。具体说来，要体现多方利益和聆听多方面的声音，不能模仿 IMF、世界银行等机构的执行董事委员会制度——该委员会是一股一票，美国是15%以上的大股东，投票必须85%以上通过，美国的否决权于是被设计出来了。

笔者认为，亚投行可以设立三个委员会。第一个是董事会（Board of Directors），由各国根据投资额来分配席位和投票权；第二个是成员国代表委员会（Representative Council），类似于美国的参议院

（美国各州不管大小均有 2 个席位），即，不论国家大小，不论投资额多少，每个国家都有一个席位；第三个是咨询委员会（Consultative Council），其中应该包括相关地区的劳工组织代表、企业家代表、资本市场代表、社会意见领袖代表，甚至文化环境保护代表。这三个委员会共同合作，共同协商。董事会拥有决策权，但是重大事宜应当在决策前充分商量、酝酿，力求基本达成一致再进行具体决策。这种协商式民主的办法是中国政治的基本特点，也和当前全球化时代强调社会责任、力求听到不同声音的趋势相一致。它和 IMF、世界银行那种"一股一票"、大事必须 85% 通过、美国人长期霸着否决权的做法是不一样的。这样的亚投行治理结构会更具有全球号召力。

亚投行另一个重要的治理问题是行长等高级职员的任命。吸取世界银行与 IMF 的教训，应该是择贤任命，这样就打破了 IMF、世界银行以及亚洲开发银行不成文的规矩，那就是世界银行应该由美国人，IMF 由欧洲人、亚洲开发银行由日本人分别当一把手。如果亚投行采取择贤用人的办法，将顺应全球化的历史浪潮。

第三，应该强调文化建设。任何一个国际组织就像一个企业一样，其文化就是基业常青的基因。亚投行应该强调一种开明、高效、包容的文化。这样的文化才能够吸引全世界的精英都来为其工作。这种文化也能够保证亚投行的决策能够合理、有效，符合相关地区大多数民众的利益。

第四，亚投行的决策应该以经济发展为主要目标，而不应考虑政治和意识形态因素。比如说，如果美国等某些大国要制裁的对象在经济发展上有切实需要，那么，亚投行也应该实事求是地考虑该地区的实际情况，独立自主地决策。毕竟，经济发展的最大受益者是普罗大众，而不是该国的统治阶层。

亚投行是中国新一代领导人的伟大创举。在其设立中应该紧紧抓住体制创新这个"牛鼻子"，吹响中国推动国际经济治理体系改革的号角。这是中国作为一个焕发青春的文明古国对世界应有的贡献。

读懂中国经济

1. 宏观调控

什么是现代市场经济？

什么是现代市场经济？这似乎是经济学里一个非常基本的学术问题，经济学早应该把这个问题研究得一清二楚了，但事实并非如此。今天，什么是现代市场经济，这又是一个极具时代意义的话题，因为一些发达国家对中国的市场经济地位提出了质疑，而中国自身进一步明确改革的方向也需要厘清现代市场经济的内涵，这是当今中国经济学界责无旁贷的学术重任。

国外经济学界对市场经济的定义极不系统

到目前为止，国外经济学的学术讨论还没有聚焦到"什么是市场经济"这一根本的问题上。从亚当·斯密（Adam Smith）到后来的保罗·萨缪尔森（Paul A. Samuelson），再到今天的主流经济学教科书作者 N. 格里高利·曼昆（N. Gregory Mankiw），大家讨论较多的是"什么是市场"，而对"什么是市场经济"尤其是"什么是现代市场经济"这一问题，并未展开系统论述，最多只给出了宽泛的定义。

奥地利学派经济学家路德维希·冯·米塞斯（Lndwig von Mises）认为，"市场经济是生产资料私有制下关于劳动分工的社会体系"，这一定义把生产资料社会所有制或国家所有制下的经济排除在"市场"的定义外。保罗·萨缪尔森认为，市场经济是"一种主要由个人和私人企业决定生产和消费的经济制度"。今天国外最畅销的经济学教科书的作者曼昆，在其教科书中把市场经济描述为"当许多企业和家庭在物品与服务市场上相互交易时，通过他们的分散决策配置资源的经济"。曼昆的描述轻松地绕过了市场经济的一些根本性问题，包括政府的角色。经济学的百科全书《新帕尔格雷夫经济学大辞典》（*The New Palgrave Dictionary of Economics and the Law*）中对市场的定义是，"一种有大量买家和卖家并对特定类型商品进行循环交易的制度"，显然，也回避了一系列重大问题。

值得关注的是，马克思政治经济学在这个问题上也没有给出直接明确的回答，尽管在马克思的《资本论》中几乎到处都有关于市场问题的讨论。马克思所处的那个时代，现代市场经济体制尚未孕育，包括基本福利制度在内的一系列现代市场经济的制度安排尚未开始讨论，所以不可能从那时的思想巨人中觅得今天问题的直接答案。此后，随着苏联中央计划经济的兴起，大批的比较经济学学者讨论的重点是计划经济与市场经济体系的对立，而对于市场经济本身的特点并没有给出明确的定义。

现代市场经济追求的三个目标

那么，到底什么是现代市场经济，或者更精确地说，什么是现代市场经济体制呢？

我们不妨先讨论一下当今世界，社会主流群体对现代市场经济制度目标的一些共识。现代市场经济与计划经济以及早期资本主义制度相比有本质不同，主要体现在其所追求的自由、平等、公平有序这三个目标上。

第一，自由，即，现代市场经济中，经济活动参与者应该在不妨碍公众利益的前提下自由地参与经济活动。这里的经济参与者，既包括消费者也包括生产者，既包括个体私营企业也包括国有企业。在不妨碍公众利益的前提下，市场经济参与者的自主决策不受干预，是现代市场经济所追求的第一个目标。

第二，平等，即，现代市场经济中，各经济主体之间的交易在不妨碍整体经济秩序的前提下是平等自愿的，而不是强迫的。相反，在古代的奴隶社会中，劳动交易是不平等的，因为奴隶是被迫劳动的。计划经济直接违反平等自愿的原则，因为上级政府会要求各企业之间以政府所确定的条件进行交易。

第三，公平有序，即，现代市场经济中，经济活动应该是公平有序的。比如说，公平的原则要求那些运气不佳或者经济天赋相对低下的经济活动参与者得到应有的帮助。公平的原则还要求当代人与未来人这样不同代际的人之间保持一种潜在的平等关系，也就是说，当代的人不应该牺牲未来的人的幸福，比如破坏自然环境发展经济。有序则要求宏观经济和金融市场不出现巨大的波动乃至危机和恐慌。

总之，自由、平等、公平有序是现代市场经济所追求的目标，也是现代市场经济的内在本质，此三条体现了当今世界普遍公认的基本价值观，而早期的市场经济和中央计划经济体制在这三个方面是有所缺憾的。

现代市场经济制度的四个要素

现代市场经济应该通过什么样的制度安排，来实现上述三个目标呢？具体说来，现代市场经济要有四个方面的制度安排，其中最关键的是，与传统市场经济不同，现代市场经济中，政府事实上就是极其重要的经济活动参与者，各国现代市场经济的实践都是如此。

第一，要有一系列保护经济个体自由的制度。这里面既要有产权保护制度，也要有消费者保护制度。这就需要《公司法》《民法总则》《物权法》《消费者权益保护法》等一系列法律机制以及法院、消费者保护局等相关机构共同发挥作用，以达到上述目标。

第二，要有维护市场秩序和经济稳定的制度和机构。例如，要通过《反垄断法》的实施，防止在市场上具有巨大势力的大企业欺压小企业，从而伤害未来的消费者的利益。又如，要有高效的宏观调控机制，因为自发的市场经济交易往往会在宏观层面上带来巨大的波动性，这一点已被大量的市场经济实践所证明，所以，各种各样的宏观调控机制必须设计到位，包括金融监管体制、中央银行体制等。这里还包括对外经济的调控机制，因为国际贸易往往具有较大的交易成本和信息不对称，所以，交易的波动性往往比国内交易更大，这就表现为汇率的波动、国与国之间的贸易不平衡等现象。在这方面，现代市场经济制度必须有一系列的市场安排，比如说外汇市场的调剂、外贸调控体制等。

第三，要有保障基本社会福利、人力资源开发以及环保、创新等方面的体制。社会福利保障的必要性就在于它保证了社会大多数群体有动力、有兴趣参与市场经济的活动。如果没有社会福利保障，部分人群由于短期的运气不好，或是因为市场竞争能力禀赋不足，很难正常地参与市场经济，市场经济也就很难得到这部分人的支持，这样的市场经济也会因逐渐丧失了社会基础而不可持续。

人力资源开发对现代市场经济制度也十分重要，因为它能为未来培养具有一定技能的市场经济活动参与者，政府要帮助建立这种制度。以教育体制为例，如果完全靠私人部门来参与的话，往往会出现短期行为，无法满足市场经济的长远需要。

对于环境保护，更是需要专门的制度安排，因为环境保护的根本难点在于当代人不一定能够充分考虑未来人的福利，当代人作为一个整体而非个人，往往会忽略下一代人以及下几代人的福利，对环境造成过度破坏。而环境一旦破坏，未来修复的成本和今天破坏的收益是不成比例的，因此，需要有外部的力量来约束现存企业和当代经济活动者的行为，以达到长远的环境保护的要求。

在科技创新方面，也必须要有相应的机制提供保障。科技创新往往有很强的外部性，一项科技发明所带来的社会福利提升，往往远超发明者自身所能得到的最大收益，因此，必须要有相应的非市场的机制来加以保护，例如加强知识产权保护和支持科技研发的投入。

第四，要有维系、激励和约束政府行为的体制，包括公共财政体系。由于政府是现代市场经济中极为重要的参与者，因而必须要重视政府自身的行为与激励，同时也要加强对政府行为的约束，而这一点在今天主流经济学讨论中往往被忽略了。举例来讲，公共财政体系的影响不仅仅在于政府的资金收入来源，更重要的是其在各方面对政府行为的直接影响。例如，如果政府是从企业部门征税的话，那么往往会特别关心企业的运营和发展；如果政府是从家庭部门征税的话，那么就会关注家庭部门的收入增长；如果政府是从地产或其他金融资产的交易或增值中征税，那么自然会对金融和房地产市场的运行更感兴趣。所以，公共财政体制与政府行为密不可分。

中国是否已经走上现代市场经济道路

经过多年来的改革开放，中国的经济发展取得了举世瞩目的成就，应该说，中国现在已经建立了一个与当前发展水平基本相适应的现代市场经济体系，走上了现代市场经济道路。

具体说来，当前的中国已经在产权保护、消费者保护、宏观经济管理、反垄断、货币政策、金融政策、基本社会福利、生态保护以及公共财政等方面建立起了一个初步的市场经济框架，对于支撑当前的经济发展起到了重要的作用，否则，中国不可能成为举世瞩目的蓬勃向上、快速发展的经济体。这一点我们有自信、有底气，必须跟西方作明确的说明。

但是，我们也必须承认，当前中国的市场经济体制与中国经济的长远发展目标尚不匹配，必须坚持改革，尤其是在社会福利以及政府自身运行机制方面要极大地完善，这也是国家已经提出的下一步改革的方向。

基于中国实践，直面发达经济体的质疑

我们必须从根子上讲清楚什么是市场经济体制。在这个问题上，国外现有研究并不充分，我们必须要讲清楚三点。

第一，不能把有没有国企作为是不是市场经济体制的基本标志。事实上，国企在西方发达国家也普遍存在，例如法国电力公司以及很多国家的航空公司都是国企，更不用说很多石油公司也是国企。国有企业是国有经济的一种实现方式，而国有经济往往是现代市场经济的重要特征，比如说，据笔者初步计算，新加坡国有经济的资产量大约为新加坡 GDP 的若干倍，极大地保证了新加坡经济的长期稳定。因此，有没有国企不是市场经济体制的关键，关键是国有经济必须在现

代市场经济的原则和框架下运行。

第二，政府干预不是否定现代市场经济存在的理由。事实上，当今许多发达国家的政府对企业等部门的干预也普遍存在，例如美国农业部有近 10 万名工作人员从各个方面为国内的农民提供各种各样的帮助。更不用说，在财政、银行、货币等方面，各国政府对市场运行的调控是时时存在的。

第三，市场经济体制不是一个静态的完美体系，需要在改革中不断升级完善，每个国家的市场经济体制都存在自己的问题，要通过进一步改革和发展来解决。我们必须向西方讲清楚，中国对于目前的市场经济体制并不满意，已经提出了一系列改革的要求。我们在这个问题上欢迎西方国家的批评者提供建设性的意见，但是不能因为要改进就否定当前中国已经是现代市场经济国家的基本事实。

总而言之，什么是现代市场经济，中国是不是已经走上现代市场经济道路，中国在哪些方面应该进一步改革完善我们的市场经济体制，这是我们这个时代必须自己理清楚、对外讲清楚的基本而重大的学术问题。

民营企业家为什么忧虑？

2018 年的中国经济，如果用一个字来形容，那就是"忧"。"忧"是指经济活动的参与者普遍感到非常忧虑，其中，最忧虑的是民营企业家。这一忧虑也延伸到了 2019 年，无论中小民营企业还是上市公司的掌舵人，大多认为这是充满挑战的一年。虽然大家身处的行业和竞争地位不同，忧虑有所不同，但其中也不乏共性。

那么，民营企业家在担忧什么呢？

有人说是外贸。这一忧虑主要由中美贸易摩擦引发，并认为这将影响中国经济中长期的发展态势。但是，在外贸方面，虽然中美贸易摩擦 2018 年一度风声鹤唳，当年的进出口仍表现不俗：从统计数据来看，以人民币计价，2018 年中国出口同比增长 7.1%，进口增长 12.9%，进出口整体增长 9.7%；其中，民营企业进出口增长 12.9%。

有人说是前途不明，投资放缓。的确，由于经济增速放缓，投资收益率走低，加之监管趋严，有些领域不断爆雷，企业家对前景感到不确定，投资意愿下滑。但是，从宏观层面看，2018 年民营经济的投资指标是非常健康的，年初开始，民间投资一直保持 8%以上的增速，1—11 月同比增速达到 8.7%，2017 年同期为 5.7%，2016 年同期则仅为 3.1%。如果只看制造业，2018 年 1—11 月制造业民间投资增长 10.3%，高于全国平均 0.8 个百分点。这说明，有一部分民营经济还在投资，可能企业数量不多，单笔数额不少，他们可能是沉默的一群。

可见，单单外贸和投资，不能解释民营企业家的"忧"心之重。

也有人说，民营企业家的另一重忧虑来自融资难、融资贵。对此要仔细分析。一直以来，融资都是民营企业的一大痛点，并非 2018 年才突然出现，而且我们仔细梳理有关数据发现，2018 年融资难、融资贵的问题主要影响的依然是小型企业，而且主要是信用不好的企业，而信用良好的企业，不管国有还是民营，得到贷款的比率都是比较高的。

民企的第三重担忧，当然就是税费比较高，导致经营成本高企，利润被摊薄，在近年企业盈利空间逐步被压缩之下，这一压力尤为凸显。这的确是一个重要问题，但是不能忘记，高税费一直是中国经济之痛，非 2018—2019 年所独有。2018 年至今，一系列减税降费措施开始落地，应该说，这一方面的压力有望逐步缓解，并不能说高税费是民营企业家忧虑的新问题。

我们认为，民企的重重忧虑中，最大的是民营经济面临着重大调整，而这个重大调整与其所处的产业发展进程有关，除了少数行业，这与企业民营、国有的性质相关性不大，因此，不能够一谈民营经济发展出现困难就要营救，盲目营救应当被淘汰的产能，干扰市场正常出清，是和中国经济转型升级的要求背道而驰的。

2018 年，我牵头完成了一项"中国改革开放 40 年经济学总结"的课题，为了获得第一手资料，我们走访了许多地方，调研了大量实体企业，发现了几个突出问题。在一个副省级城市，我遇到了一位对前景极为悲观的企业家。经过细致的调研和访谈，我们得知，他的企业主要从事电梯和玻璃幕墙两个产业，而这两个产业国内竞争极为激烈，利润率极低，所以不得不开拓国际市场，但是国际市场的拓展也极不容易，往往招标最后的竞争发生在中国企业之间。他说，在电梯和玻璃幕墙产业，"欧洲人创造产业，日本人把产业精细化，中国人把产业做垮"，原因就是恶性竞争。进一步，我了解到，中国现在有上百家玻璃幕墙企业和600多家电梯企业。在成熟的市场经济国家，如此细分行业不可能支撑上百家、几百家的企业竞争。例如电梯行业，在成熟的市场经济国家，一共也就10个左右的大企业瓜分市场。从全球来看，也是美国奥的斯（OTIS）、瑞士迅达（Schindler）、德国蒂森克虏伯（thyssenkrupp）、芬兰通力（KONE）、日本三菱（MITSVBISHI）和日立（HITACHI）六大品牌占据60%以上的市场。

　　由此我们引出一个重要的观察：中国民营经济，尤其是处在产业链中下游的民营经济，产业集中度太低，低水平恶性竞争，亟须做大、做强、做优，面临着艰巨的兼并重组、结构调整挑战。事实上，所有发达市场经济体都曾经走过这一痛苦的历程。比如说，美国三大汽车厂都是当年不断并购重组之后形成的。从目前企业过度竞争的拥挤状态，发展到成熟经济体那种具有较高产业集中度的均衡状态，这个过程对于民营企业家而言将是极其痛苦的，对于银行而言也将是极其痛苦的，但这个转换过程是中国经济转型升级所不可避免的。

　　在这个二八分化之后出现的优胜劣汰过程中，往往最好的出路就是有序退出。对于能"笑到最后"的"幸存者"，选择当然可以是继

85

续留下，享受较高的行业利润；对于80%缺乏竞争力的长尾企业，则是长痛不如短痛，做及时退出的"逃离者"总比被过度竞争、极低利润慢慢拖死、压垮要好。

这样的兼并重组过程会带来多少呆坏账，目前我们不得而知。以电梯行业为例，目前民族品牌占据了约30%的市场份额，其中10家龙头企业的市场占有率约为15%，剩余600多家国产中小型电梯企业分享剩下的15%。假设兼并重组的结果是这几百家中小型电梯企业全部破产重整，资产全部减值，其银行贷款全部变为坏账，按照行业平均水平，将带来2000多亿元资产减值。考虑到中国许多行业都存在过度竞争，需要兼并重组，这就意味着大量的银行贷款也将面临一个重组的过程。

因此，我认为，当前民营企业家最担忧的因素，一是产业升级中的退出安排，二是与之紧密相关的金融安排。为此，未来几年我们应该做好准备。

对于企业家来说，必须问自己一个问题：坚持做下去，还是趁早退出？如果退出，那就应该考虑在自己的企业经营状况依然良好的时候转向开发新的行业，或者不退出，那就应该想方设法扩张并购其他企业，这是一个必须要做的事情。

对于银行而言，必须从现在开始建立产业重组基金，必须考虑如何处置那些退出市场的企业的资产重组问题。要考虑如何重拾21世纪初大张旗鼓设立资产管理公司时的宝贵经验。

中国经济现在面临着一个转型升级的过程，这个过程的一大反映就是很多产业并购重组的步伐加快，部分民营企业日子不好过，必须重视并妥善处理其中可能遇到的问题，处理得好，能够转换成经济增长的机遇，处理不好，可能会变成金融界以及相关产业的重大包袱。绝不可打着保护民营经济的旗号，盲目保护落后产能，破坏市场经济秩序。

"脱实向虚"怎么办？

　　2016 年下半年开始，"脱实向虚"又变成了中国经济领域的一个热门话题。的确，2016 年 GDP 增速有所放缓，而放缓的一个重要原因就是固定资产投资中民间投资的增速仅为 4%，还不及整体固定资产投资增速的一半。而民间投资及与之高度关联的制造业投资增速放缓，与资金不愿流入实体经济密不可分。

　　在这种背景下，中国资本市场的监管部门出台了一系列政策，指向"脱实向虚"问题。中国证监会 2016 年年底开始明确表态要打击资本市场上兴风作浪的"妖精"；中国保监会叫停了"万能险"，对过去一两年来利用险资在资本市场上进行资本运作的个别机构提出了劝告和惩戒；最近中国证监会又修订了上市公司再融资的若干规定。

　　这些监管层的动作对解决"脱实向虚"问题有没有帮助呢？这需要从"脱实向虚"的本因开始分析。

"脱实向虚"的第一个成因是高成本

　　中国制造领域的企业大多是民营企业，它们的运营成本近年的确在不断上升：劳动力成本的上升幅度从 2008 年以来基本都快于消费者物价指数（CPI），更快于生产价格指数（PPI），这使得企业利润空间逐步下降。同时，国际市场持续低迷，中国进出口连续两年出现负增长，使得民营经济和制造企业面临种种困难。

当前，大家讨论比较多的是民营企业的税费负担，但必须看到，过去几年来，民营经济的税负从税制设计上讲并没有明显提高。高税和高费一直存在，2016 年以后变化比较大的是"营改增"。

根据我们的实际调研，"营改增"短期内增加了企业税负。营业税往往是虚的，对很多企业是没有实收，而增值税是实打实收的。这其中的重要原因是营业税传统上是由地税局征收的，而地税局出于地方经济的考虑，经常会与地方政府协商，为了鼓励企业投资，通过某种方式减免营业税，至少不会按税制规定的税率直接征收营业税。营业税改成增值税后，国税局成为征税主体，而国税局与地方企业的关系并不密切，因此，国税局通常按章收税。笔者在江苏等地的调研也发现，"营改增"之后企业税负明显上升。

此外，当前讨论较多的还有劳动用工成本。企业与劳动用工相关的一些费用如"五险一金"等负担比较重，这当然有下降空间，但应该看到，这个税费是长期存在的。

相比之下，2008 年以后，还有另一个重要因素直接导致民营企业成本上升，即大规模基础设施建设大量由地方政府通过各种投资平台来融资，这些投资平台通常有各级政府的隐含担保，而且这些基础设施的投资主体并没有长远的财政负担考虑，往往关心短期内维系固定资产投资，从而提升 GDP。因此，不少地区不惜以高利率从银行及信托机构贷款，这就对企业尤其是民营企业在银行等渠道的正常贷款构成了挤出效应。企业从银行的贷款相对于基础设施而言，规模小，批次多，交易成本高，审批成本也高，所以，银行、信托等机构往往反而要提高对它们的贷款利率。这是融资成本高，从而导致实体经济发展低迷的一个重要原因。

"脱实向虚"的第二个成因是金融体系存在结构性"虚火"

金融体系的"虚火"并非由于大牛市的到来，从中国股市整体的市值与市盈率来看，并不能说有巨大的泡沫存在。但必须承认，中国资本市场存在着结构性泡沫，即一些高风险的金融产品在当前刚性兑付的背景下，仍然可以在短期内给投资者提供超常的、不可持续的高回报，例如地方政府的债务和信托产品。

这些地方债和信托产品相当一部分本该重组甚至违约，它们的高利率也正是为应对其较大的重组或者违约可能性而提供的风险溢价，但目前重组和违约的比例远远低于应该发生的比例。金融市场甚至监管层都不愿意看到重组或者违约事件发生，这就导致投资者有盲目追求高回报的金融产品的趋势。市场上大的蓝筹股和银行股的市盈率普遍非常低，它们与港股构成了全球主要经济体中价格最低的股票，其估值远远低于欧美国家。而高风险的股票包括创业板股票的价格则居高不下。这从本质上讲是中国金融市场对风险的定价出现了问题。投资者心中的风险溢价太低，盲目追求高风险产品，低风险的传统实体经济项目往往被忽略了。

根据以上的分析，要解决中国经济"脱实向虚"的问题，根本而言必须双管齐下采取措施。

提高税收留成比例，重启地方政府积极性，为实体经济减负

我们建议，财政部短期内加大对地方政府的税收返还，国税局将所征税金再额外增加一个比例直接返还地方政府。同时鼓励地方政府加快扶持民间投资，让各地政府有针对性地对有发展前景的民营经济给予税收优惠和运营成本方面的补贴。这就部分地回归到改革开放以来发展经济的一大法宝——调动地方政府的积极性，主动地为地方民营企业减税减负。

鼓励违约重组，金融市场"挤泡沫"

"挤泡沫"就是要有意识地让原本就是高风险的金融产品违约或者重组。对于一些高风险的新企业，则要通过各种方式警示其风险。一旦资本市场上这种风险溢价能够提升到合理水平，高风险金融产品的吸引力就会大打折扣，资金就会更多地流向传统制造业。传统制造业的风险相对而言较低，尽管它们的回报率也较低。

2016 年，震撼中国股市的"宝万之争"以及格力电器被举牌等

事件应该从这个角度重新思考。传统的制造企业目前市盈率非常低，表明资本市场并不认为这些企业的运营是高效的，不认同这些企业的内部公司治理和投资方向。因此，从原则上讲，需要调动资本市场和投资者力量，给这些企业的内部人施加压力，迫使他们重新定位自己的发展方向，约束他们头脑发热、盲目投资的行为，要求他们把剩余的现金流吐出来，而非留在企业或者投资于一些并不相关且已是红海的领域如电动汽车和手机等。所以，中国的资本市场，从大方向上讲，需要从事并购重组的基金。保险资金也许不能完全担当这一重任，但是中国资本市场的健康发展绕不开并购重组这一关。

与此相关的是股市的再融资功能，这是股市一个非常重要的直接融资功能。上市企业再融资的难度要小于 IPO，因为这些企业运作比较规范，而通过运作规范的企业融资要比非上市公司更为顺畅。

所以，要解决"脱实向虚"的问题，根本发力点应该是降成本、挤泡沫，而不是打击所谓"妖精"或者限制企业再融资规模。

"脱实向虚"将是中国经济未来发展的长期难题，可能需要花费相当长时间来解决。我们需要把准脉、认清病灶，再对症下药，以求逐步药到病除。

中国经济如何跑好高质量发展马拉松？

连续 73 年成长，是绝无先例的经济奇迹

党的十九大报告，在国内外激起巨大反响。如果报告描述的前景能够顺利实现——我们对此充满信心，那将创造一个人类经济史的重大奇迹，因为人类历史上从来没有出现过连续 73 年（从 1978 年到 2050 年）平稳、快速成长的经济体。这与过去 40 年中国经济发展取得的令人瞩目的成绩，尤其是 GDP 增长速度持续多年达到 9% 以上相比，是一个更为伟大的奇迹。

中国过去 40 年的连续成长，不能说完全没有先例，日本明治维新时期的发展就很快，德国统一之后到第一次世界大战之前的发展也很快。所以，更大的、世界上绝对没有先例的奇迹，是能够实现过去 40 年加上即将奋斗的 33 年的连续成长。

所以，中国如果要创造奇迹，不在于快，而在于稳，在于我们能不能再成长 33 年。

不摔跤、保动力，创造奇迹必须面对的两个问题

要实现连续 73 年成长这一目标，必须面对两个问题。

第一，未来 33 年怎么能够不摔跤？对于中国，如今发展速度已经不重要了，如果从现在开始，我们每年保持平均 4% 的增长，到 2050 年就能进入全球最发达国家的前 20 强，因此，未来的关键不是速度，而是不能摔跤。我理解 2018 年经济工作的重点，头一条就是稳，不能出问题。习近平总书记讲的高质量与高速度不可并行，高质量放在前面，而高质量的第一要求就是不能摔跤。摔跤的可能性很多，不光是金融危机，还有社会矛盾、人口问题、健康问题、国际关系问题。中国怎样在未来 33 年化解各种各样的危机，不要摔跤，值得研究。

第二，未来 33 年怎么保证发展的原动力源源不断，怎么保证我们始终有干劲、有能量？最近我在关注中医，中医讲生命之元，是指生命力的盛衰在于元气的多少，元气藏在肾里面。对应中国这样的经济体，首先要考虑的就是这个元气怎么能够保住，阴阳如何平衡，也就是不摔跤。其次，怎么保证元气能够不断地得到培育，年轻人的教育水平能不能不断提高，我们这个年龄的人再过 20 年怎么不成为社会的负担，不让社会公共财政有巨大的窟窿？这是个人问题、家庭问题，也是社会问题，是关系国家发展的问题。

只有回答好上述两个问题，中国才有可能创造连续 73 年成长的奇迹，为世界贡献新的发展经验。

跑好高质量发展马拉松的三大要点

要继续保持未来 33 年的成长，意味着中国经济从 2018 年到 2050 年还要跑一个马拉松。那么，怎样才能跑得好、跑得漂亮，怎样才能实现我国经济的平稳、可持续、高质量发展呢？仔细考虑历史经验和经济发展的基本规律，以下三点值得深思。

第一，严防重大波折，绝不摔跤、崴脚、岔气。

重大波折可能来自金融风险。从历史上看，1929 年到 1933 年的世界金融危机，20 世纪 80 年代和 90 年代拉丁美洲历次金融危机，1997 年到 1999 年的亚洲金融危机，以及日本资产泡沫破裂后所发生的金融恐慌，每一次都让相关国家和地区的经济发展倒退 10 年甚至 20 年。

当前中国面临的经济金融风险主要有两个。一是实体经济负债规模较大，而且隐含较多的不良负债，应该利用好当前宏观经济企稳向好的时机，及时清理。二是我国金融资产的流动性太强，现金、银行存款和理财产品的总量与 GDP 之比超过 200%。这些随时可变现的资产会导致整体金融体系的稳定性较差。因此，要从根子上改革，调整金融产品结构，引导储蓄者直接持有流动性低一点的债券或其他证券，提升金融体系的稳定性。

重大波折也可能来自我国经济的供应链对外依赖度非常高。一些重要的上游产品，包括芯片、原油、天然气，高度对外依赖而且来源比较集中，需要提防 1971 年到 1973 年石油危机式的风险。要从现在开始，适当减依赖度、增多元性、增储备。

第二，边跑边提前补水，不断提前解决一些制约未来发展的基本问题。

一个是劳动力素质问题。随着经济的不断升级，中国劳动力的竞争对手将是欧、美、日、韩等发达国家的劳动者。产业和就业能否留在国内，就要看国内的劳动生产率能不能够比得过这些发达国家。另外，随着科技的进步，我们的劳动者还要竞争得过那些逐步具有人工智能的机器，还得干那些机器做不来的事。从现在开始，我们要具有前瞻性地加大教育投入，尤其是初中以及高中阶段的基础性教育，不仅提高数理化等硬知识，更重要的是人工智能和技术所难以复制的人文社会等综合软素质。

另一个是人口老龄化问题。从短期来看，应该适当地鼓励人口生育。更重要的是，要有彻底的思维转变。今天很多六七十岁的老年人，其经验积累、技能保持、身体状况，比 20 年前的 50 多岁的中年人还要好。老龄人口有含金量，应该通过改革，鼓励他们自愿参与社会劳动，化问题为动力。

第三，利用好马拉松路线上的上坡、下坡，要善用正常的经济波动。

市场经济有它自身的波动规律。150 年前，马克思在《资本论》中已经深刻地揭示了导致市场经济不稳定性的内在矛盾。如今，社会主义市场经济的实践，就是通过发挥政府的作用，从根本上解决马克思所论述的基本问题，但这不等于说政府应该完全抹平市场经济的波动，相反应该用好经济波动。

利用好经济波动，就好比中国传统医学所说的"冬病夏治，夏病冬治"。一个优秀的马拉松选手，上坡时会减速、调呼吸，下坡时要加速、调肌肉。对于一个经济体而言，形势好的时候，要加强监管、帮助金融体系排毒，提高效率；当经济不好的时候，就多做一点公共投资，多补短板。

我们有充分的信心，积累了改革开放宝贵实践经验的中国，能够在 2018 年到 2050 年再跑出一个漂亮的经济发展马拉松，实现连续73 年成长的经济奇迹，实现党的十九大报告描绘的中华民族伟大复兴的宏伟蓝图。

经济内循环与外循环的辩证关系

    2020 年 8 月 24 日，习近平总书记在经济社会领域专家座谈会上发表重要讲话指出，要推动形成以国内大循环为主体、国内国际双循环相互促进的新发展格局。这个新发展格局是根据我国发展阶段、环境、条件变化提出来的，是重塑我国国际合作和竞争新优势的战略抉择。近年来，随着外部环境和我国发展所具有的要素禀赋的变化，市场和资源两头在外的国际大循环动能明显减弱，而我国内需潜力不断释放，国内大循环活力日益强劲，客观上有着此消彼长的态势。中国经济的国内大循环和国际大循环之间是什么关系，它们是不是矛盾的？这两者之间的辩证统一关系如何理解？

何为内循环

    什么叫内循环？我认为内循环有三个内涵：

    第一，必须要大幅度提升中国的最终需求，最终需求上去以后，能够让国内的市场远远大于国外。中国经济现在部分做到了，2008年金融危机爆发前，也就是 2007 年，我们的国际贸易量除以国内生产总值（GDP）是 70%，现在是 35%左右，金融危机爆发前，中国经济每 100 块钱的 GDP 有 9 到 10 块是贸易顺差，现在在 1 块钱左右。国际经济的动荡对我们的冲击，直接从需求上讲，就是冲击真正依赖国外市场的这部分。广东、浙江沿海一带的企业，还要进一步开发国内市场，把对国外市场的依赖度再降下来。

第二，要建立统一的全国大市场。举一个例子，现在中国多少家电梯厂？600 家，这怎么生存？全国形成统一大市场就不可能有 600 家，一定要有企业兼并重组。有一个说法有道理，美国宪法的初衷是一部经济法。这个宪法最根本的是不许各个州设立贸易关卡。美国的法律是靠一个个判例形成的，最高法院大法官的判例能影响一个国家的政治形成、经济发展格局，所以我们要借鉴，就是要形成全国性的大市场。

第三，科技要有自主创新能力，这点也非常重要。重要的科技必须靠自己，而不是国外，否则一卡就停摆。

以往的外循环

对应这三个内循环内涵，以往的外循环有什么内涵呢？

一是我们以前的需求靠国外，原料来自于国外，市场来自于国外，我们只是挣加工费。

二是资金来自于国外，外商投资现在很低了，13 万亿美元 GDP 中才占 1300 亿美元，1%的水平，已经很少了，最高时占 6%。

三是科技来自于国外。我们过去很喜欢搞合资，市场换技术。内循环和外循环是不一样的，对于一个企业，对于一个公司，对于一个地区，必须有侧重点。

外循环的作用

内循环和外循环这两者之间是什么辩证关系呢？从整个中国经济发展层面上讲，两者是对立统一的，是不矛盾的，尽管对单个地区、单个企业来说，两者可能是矛盾的。为什么这么讲？现在，内需是中国经济增长动力的主要来源，我们的市场份额占全球经济的比重，按照购买力平价算20%多，按照市场汇率16%，2020年有可能还上升一点。占全球1/5的市场，再发展当然主要靠自己，不能靠境外的市场，所以第一个要求，内循环是国内经济持续发展的根本的、主要的动力来源，内循环带来量。

外循环的意义何在呢？外循环刺激我们提高质。为什么这么说呢？

首先是参与国际竞争。比如格力电器要出口，无形中必须要按照国际标准做事，有这个压力，必须学习。学习者不光是企业家、工人，也包括政府官员。我们为什么过去落后？从历史上看，明初以后不搞国际贸易，搞了海禁。一旦不学习就不能进步，过去五百年的惨痛历史告诉我们必须学习，不能关起门来自个儿竞争。

其次是能够让我们开始领先的技术向外推广。举一个例子，抖音是很先进的，它的算法很牛，年轻人喜欢，这个技术我们领先，如果抖音不去欧洲、不去美国，就在国内玩儿，很难保持领先，只有把自己的平台往外扩大，才能赢者通吃。

有人说，我们中国人多，占全球 1/5，不用学英语了，讲汉语就行了。这个不对，人再多，关起门来没用，别人也有可能故意来找茬儿，所以学外语就是这个道理，这是外循环根本的要求，强迫你睁开眼睛，这样中国的好东西才能对外推广，好的技术才能推广，最终才能做大做强，要不然再好的玩意儿闷在家里也烂掉了。

平台的作用也是同样的道理，美国人最善于搞平台，可口可乐、麦当劳、汉堡王、好莱坞广义地讲都是平台。所以说外循环要求我们：外国人越打压，我越要学习它的一些优点，不要以为竞争对手一切都不值得我们学习。所以内循环和外循环不是矛盾的对立面，实际上是统一的，内循环给我们带来了量，让很多百姓过上好日子，能够从脱贫之后走向中等收入水平，外循环能够促使我们提高质，在全球竞争中保持竞争力，质跟量两者都需要，不要只强调一方面而荒废另一方面。

内循环的关键

城镇化是内循环的必然要求。没有农民真正进城，光有农民在城里打工，消费怎么能上去呢，农村的家怎么能参与现代经济循环呢？

一些基本的社会服务要普及化，公共服务要普及化。现在消费上不去，为什么？很多人怕生病，怕父母养老出问题，小孩受教育要存钱，基本的社会服务没解决，老百姓不敢花钱。这次疫情给我们一个非常重要的启示，就是政府在基本社会服务方面要加强。这次新冠疫情发生以后，从核酸检测到住院治病，政府花了钱，钱虽不多，但医患关系搞好了，老百姓也满意了，所以基本的公共服务政府要加强，这条做好了，中等收入人群才敢进一步拿出钱进行消费。

政府官员的激励措施要改变。改革开放最根本的一个经验是什么呢？政府官员，尤其是地方政府官员的激励与市场经济是兼容的，他们使的劲与市场经济发展是同向的。这里面有好多案例，比如长江以南一带，地方政府当时主动要求很多集体企业或者国有企业改制，很多集体企业的企业家不想改制，地方政府说你不改制以后没有前途，政府官员比企业家思想还解放。地方官员的激励一定要补上。在这个激励里最重要的激励对象是地方政府，要使他们从需求扩大的过程中获得激励。过去地方官员的主要激励是抓生产、抓项目、抓投资。现在要变了，变成各级政府要想方设法抓本地的收入和消费，税收要变，要从生产侧转向消费侧，要把更多的消费及跟消费直接挂钩的税收交给地方政府。

"中国经济系统"如何从 1.0 升级到 2.0？

　　中国经济过去的快速成长，并不在于实施了产业政策。事实上，从政府实施产业政策的光伏、VCR 等领域来看，这些产业政策都可以说是不成功的。今天的海尔、格力都不是政府当年一开始就扶持的对象，深圳的华为也是如此。今天取得成功的众多成长性企业，无论华为还是海尔，往往是在崭露头角之后才受到政府的关注，并在成长的中后期才获得当地政府的重点扶持。因此，中国经济成长的经验，不能归结为产业政策的实施，而应从亚当·斯密的《国富论》中寻找解释。

　　过去，我们对亚当·斯密的著作有不少片面的误读，认为他单纯鼓励自由化，其实，他在《国富论》第五卷里大量谈到政府应该如何帮助市场经济发展，包括女王为什么要管法庭、为什么要控制美国殖民地外贸、为什么规定美国外贸用的商船必须购自英国而非法国等。中国经济过去二三十年的快速增长，也印证了亚当·斯密的观点。过去中国经济成长的基本经验，也可以称为"中国经济系统"1.0 版本的经验，是政府协助企业开疆拓土，帮助企业培育、做大市场。

　　但是，当前这个经济系统的运行碰到了困难，中国经济增速放缓。不可否认，导致经济增速放缓的影响因素有很多，包括产能过剩以及国际市场需求低迷等，但"中国经济系统"正处在转型升级期是更重要的原因。如同电脑的 Windows 系统需要不断更新，1.0 版的"中国经济系统"如今也处于更新的"低能运行状态"。笔者认为，要想走出经济困境，必须完成"中国经济系统"从 1.0 版本向 2.0 版本的顺利升级，在这一过程中，有两点至为关键，即政企关系的顺利升级，政府监管质量和水平的顺利升级。

政企关系要顺利升级

在"中国经济系统"1.0 版本里，政企密切合作，政府帮助企业开疆拓土，比如招商引资、提供工业园区、帮助企业招工等。然而，旧版本的政企关系在促进经济增长的同时，也带来了腐败问题，需要及时升级更新。为此，习近平总书记提出"构建亲清新型政商关系"①，即领导干部对企业家既要"亲切"又要"清廉"。

政企关系的改变并非易事，在当前反腐形势的威慑下，一些领导干部工作起来瞻前顾后，经济自然受影响。所以，推进"中国经济系统"升级的第一个关键点，在于探寻构建"亲清新型政商关系"之道。

建立"亲清新型政商关系"，显然需要制度保障。本质上讲，必须建立起一套奖惩分明的激励机制，同时需要一套有效的监督机制。激励机制过去是靠跨地区 GDP 增速竞赛，即，谁主政的地方 GDP 增

---

① 习近平：《决胜全面建成小康社会　夺取新时代中国特色社会主义伟大胜利——在中国共产党第十九次全国代表大会上的报告》，人民出版社 2017 年版，第 40 页。

速高，谁提拔的可能性就高。现在看，这套机制太单一、太单薄。太单一是因为 GDP 增速竞争导致部分地方官员过分关注短期 GDP 增速，不顾长期后果，从而导致地方负债过重等后遗症。太单薄，是因为提拔的机会太少，越往上越难，因此，往往会有部分官员不惜拿政治前途冒险去受贿，追求短期个人经济利益。所以，改革的方向应该是大幅提升官员的业绩工资，对每一类岗位提出综合业绩指标，定期考核。更重要的是，各级官员执掌经济、社会重要决策，必须要有高度的职业荣誉感，因此，他们的平均工资待遇不应该低于同样工作资历的民营经济部门的经理人。根据新加坡等国成功的经验，这样一支队伍是有相当的自觉去抵制来自市场经济的腐败压力的。仅有激励是不够的，监督也极其重要。纪委、审计的监督应该是制度化、长期化的。

政府监管质量和水平亟须升级

经历了多年的快速发展，今日的中国经济已经不是昔日萝卜白菜式的简单市场经济。相反，当前的市场经济形态极其复杂，不是简单的简政放权就能让市场自发地健康成长，而必须对市场进行合理的监管。比如网购平台采用竞价排名的方式，给了假货可乘之机，综合排名高的商品并不都是正品；再比如搜索引擎，竞价排名不但不能及时给用户提供最有效的信息，甚至可能有误导，酿成"魏则西事件"之类的悲剧；医药监管也不能听信企业的一面之词，临床试验信息的造假也不是没有先例。这给监管带来了巨大的挑战。

如果面对愈加复杂的市场环境，政府的监管能力没有及时升级提高，就会出现问题。美国金融危机的爆发就是因为"猫的能力不如耗子"，政府监管能力赶不上金融市场的创新。因此，2.0版的"中国经济系统"要汲取前车之鉴，及时升级政府精准调控、精确监管的能力，其中关键在于培养一支高素质、高水平、有事业心的市场监管团队，给予这些市场监管人员与市场完全接轨的工资水平，并提升其社会地位，激励其实现对市场的精确精准监管。

在接下来的发展阶段，要想完成"中国经济系统"从1.0版本向2.0版本的升级，就要围绕如何建立"亲清新型政商关系"，如何实现精准调控、精确监管下功夫。如果能找到这两个关系中国经济升级的关键问题的解决方案，实现经济持续发展，贡献中国智慧的中国方案也会受到世界的认可和接纳。

中国能突破"中等收入陷阱"吗？

在经济增速持续下滑的大背景下，社会各界对中国能否跨越"中等收入陷阱"从而进入发达国家行列表示了各种各样的担忧。所谓"中等收入陷阱"是世界银行 2006 年提出的概念，指的是一个发展中国家在人均 GDP 达到 3000 美元以上的水平后，始终难以从中等收入国家毕业，从而迈入发达国家行列，即人均 GDP 突破 12000 美元的关口。

2018 年中国人均 GDP 接近一万美元，如何跨越"中等收入陷阱"毫无疑问是一个重大课题，也是实现"'两个一百年'奋斗目标"（中国共产党成立 100 年时全面建成小康社会，新中国成立 100 年时建成富强民主文明和谐美丽的社会主义现代化强国）的第一步。

哪些国家突破了"中等收入陷阱"？

纵观第二次世界大战后 70 年的世界经济史，全球上百个非发达经济体中，只有 12 个经济体实现了"中等收入陷阱"的突破，其中包括 5 个东亚国家和地区，即日本、韩国、中国香港、中国台湾、新加坡；5 个欧洲国家，即西班牙、葡萄牙、塞浦路斯、希腊、马耳他；

以及中东的以色列和阿曼。

其他国家包括拉丁美洲各国，或者是始终处在贫困国家水平线之下，或者是进入了中等收入水平，如人均 GDP 达到 8000—11000 美元之后，始终徘徊，没有突破。

突破"陷阱"的三个充分必要条件

到底哪些因素导致这 12 个国家和地区突破"中等收入陷阱"，而剩下来的国家却没有实现跨越？最近，我和以前指导的清华大学博士生、现任中央财经大学副教授的伏霖进行了合作研究，试图对这个问题进行系统梳理。

我们的研究表明，只有当三个条件同时满足时，一个国家才可以突破"中等收入陷阱"；相反，只要其中一个条件无法满足，就无法实现突破。那么，这三个条件是什么呢？

其一是稳定的、支持市场经济发展的政府。这首先指的是政府必须要稳定，一个值得参考的反面案例是泰国，泰国近年的经济增长之所以出现停滞，就是因为政治内讧，红衫军和黄衫军长期执着于街头政治。显而易见，这样的政府连基本的经济生活都无法维系，提高经济发展水平更是无从谈起。

政府不仅要稳定，而且要系统推行能够维系经济增长的政策，其中既包括释放市场经济活力的基本政策，如法治和基本的监管，更包括一系列能够维系经济增长的干预性政策，比如保持社会稳定的基本医疗和住房政策,以及消灭贫困的基本福利性政策。在这方面,印度就是反例。虽然印度号称是世界上最大的民主制国家,政治也基本稳定,但长期以来,印度政府的政策是反市场经济的。时至今日,印度仍然有 1/3 的人口享受粮食补贴,政府也长期对能源价格进行补贴,因此,当下全球原油价格低迷,印度就处于好光景,而这一趋势一旦逆转,印度公共财政乃至宏观经济又将陷入艰难的境地。

其二是不断提高的劳动力素质。要满足这一条件,首先要保证基本的公共卫生,其次要提供良好的教育环境。公共卫生服务的效用在于,保证常住和流动人口的健康,以便其更多地参与市场经济,使得人口的劳动参与率以及劳动生产效率不断提高(劳动参与率是经济发展的重大因素)。中国在改革开放之前的 30 年中,大幅度提高了基本健康水平,人均预期寿命从 1949 年的不到 40 岁上升到了 1979 年的 57 岁,这也为此后 30 年的经济增长提供了人口红利。而没有基本的公共健康保证,劳动效率将会受到明显的影响。在印度等国,基础设施建设缓慢,原因非常之多,其中不可否认的一条就是建筑工人的效率。这种效率低下和他们基本劳动力的健康水平密切相关。

高素质人口更重要的前提条件是要满足一定的受教育水平。中国经过 1949 年后 30 年的努力,成人文盲率从新中国成立初期的 80%降至 1982 年的 22.81%①,2010 年这一比例进一步降至 4.88%。九年义务教育已经普及,高等教育机构的毛入学率达到 25%以上。相比之下,印度仍然有 30%的文盲率,这会直接影响其劳动生产率的提

① 该数据根据国家统计局统计口径;根据联合国教科文组织(UNESCO)统计,我国 1982 年文盲率为 34.49%。

高，因为很多基本的现代工作岗位难以雇用文盲劳工。

其三是对发达经济体开放。日本的经济学家曾经发现经济发展的"雁阵模式"，那就是，一群国家中首先有个别国家起飞，然后再带动邻国。我们更加仔细地研究了这一现象，发现这并不完全成立，因为也有例外，比如以色列，其实现了"中等收入陷阱"的突破，但邻国中并没有发达国家。

我们认为，这种"雁阵模式"背后的机理是，一个经济体要发展，必须要对发达国家开放，而邻国之间一般是经济开放的。具体说来，要实现"中等收入陷阱"的突破，一个国家必须与经济发达国家进行贸易和投资的交往，该国的技术水平、商业理念、社会意识由此会不自觉地向发达国家靠拢，其收入水平和生产效率也会不断提高。以色列的主要贸易投资伙伴是欧洲和美国，日本曾经的主要贸易伙伴是美国，韩国的主要贸易伙伴是美国和日本；在欧洲，爱尔兰和西班牙的主要贸易伙伴是其他发达的西欧国家，这自然而然就使得这些经济体不断学习发达国家的理念。

中国具备跨越"陷阱"的条件

对照以上三个充分必要条件，我们发现，中国完全具备跨越"中等收入陷阱"的可能。当然，在若干方面中国还必须继续努力，才能够满足这三个条件。

首先，着力于经济发展的政府。中国不大可能出现泰国和菲律宾式的街头政治动荡,更重要的是,总体上讲,中国的体制和政策的基本点是推动经济发展。党的十八届三中全会的主要精神,通俗化的解释就是让市场干市场的事儿,让政府干政府的活儿。从这一角度看,在包括劳动工资、资本价格、土地价格等绝大部分资源分配领域,市场应当发挥绝对性的领导作用。同时,中国又必须让政府发挥更好的作用来实现现代社会的治理,为市场经济发展提供坚实的基础。这其中最主要的就是要更好地发挥监管的作用,让市场经济有序、健康地成长,同时也包括政府必须提供市场发展所必需的公共产品。当前,基础设施建设在很大程度上就是一种公共产品,它必须由政府来完成。中国政府正在想方设法加大基础设施建设,提供这一系列公共产品。

第二,中国劳动力素质持续提高。成人文盲率降到4%,教育水平不断提高,人口健康水平在发展中国家也名列前茅,我们的人均预期寿命已经与发达国家比肩。固然,人口老龄化是中国经济所面临的问题,但老龄化当前是否对经济发展带来严重影响,还必须要和人口的健康水平、受教育水平挂钩。在收入水平尚未进入发达国家行列的时候,如果健康水平比较高,则完全可以通过弹性延长退休年龄外加增加退休待遇的改革,让那些身体健康又受过良好教育,同时仍然愿意工作的个人继续工作,从而减少老龄化的冲击。

在公共健康方面,中国已经取得了巨大的进步,但是仍然有改进的空间。全方位的医疗改革必须尽快推出,预防性的社区性医疗网建设的潜力巨大,公立医院通过改革降低医疗费用,政府通过社会保险提供更多的财政支持,同时加强管理,提高公立医院的医疗效率,再加上增进私人医院等多方位的医疗供给,这些都能进一步地提升中国公民的健康水平。

第三，中国是当前世界上最大的贸易体，也是总量与美国不相上下的、最大的吸引外资和对外投资的国家。中国最主要的贸易伙伴是美国和欧盟，因此，中国始终是对发达国家开放的，中国仍然在不断地学习发达国家的经验，在知识和理念上不断地接近发达国家。

综上所述，中国具备跨越"中等收入陷阱"的三个基本条件。同时，我们发现，与世界发达国家水平的差距是解释一个正在突破"中等收入陷阱"国家的最基本因素。当前，中国人均GDP仅达到美国20%的水平，而从日本、韩国和中国台湾地区的历史经验看，中国现阶段至少具备GDP实现7%以上增长的潜力（见表1）。我们预计，如果中国经济继续沿着改革开放的道路前进，到2021年，人均GDP按照购买力平价计算，应该有潜力达到美国的26%，经济总量超过美国；到2050年，人均GDP按购买力平价计算可达到美国的75%，经济总量为美国的3倍。

表1 东亚经济体人均GDP达到美国19%之后的
GDP增长率变化（时段平均值%）

	日本	韩国	中国台湾地区
5年以内	8.6	10.8	8.9
5—10年	9.4	8.6	10.7
10—20年	6.9	6.3	8.2
20—30年	4.3	4.0	6.2

数据来源：日本和韩国1961年之前的GDP增速来自Pen World Table 8.0，1961年之后的数据来自世界银行WDI数据库；中国台湾地区的GDP增速来自Pen World Table 8.0（日本5年以内指1956—1960年，韩国指1983—1987年，中国台湾地区指1971—1975年，后面的年限区间以此类推）。

实现突破，仍需推进的若干改革和政策

虽然中国基本具备突破"中等收入陷阱"的条件，但是，只有加快推进若干方面的改革和调整，才能充分挖掘经济发展的潜力。

第一，在当前经济增速下滑的背景下，必须促进结构调整，稳定经济。当前中国经济面临的情况类似于1997—2001年，即应对亚洲金融危机之后。当时，中国经济同样面临产能过剩、需求不足等一系列问题。由于中国的宏观负债率已经高达200%以上，因此必须充分认识到经济增速下滑所带来的恶性循环的性质以及相关预期的自我实现性，有必要采取一些措施稳定经济增速、逆转国内外市场对增速下滑的预期，从而稳定金融体系。

就目前情况而言，必须尽快打造和巩固若干新增长点，基础设施建设毫无疑问是中国经济所缺、同时短期内可以不断弥补的短板。目前，中国人均基础设施存量仍仅为日本、韩国等经济体的20%左右，而且，中国并不缺储蓄，如果基础设施的融资渠道能够打开，就可以营造出一个既有利于长远经济发展，又能稳定经济的新增长点。启动这一稳增长发动机的根本，就在于融资机制。

对此，我的建议是，由各级政府提供种子基金，由中央或省政府提供担保，面向社会发行基础设施债，其利率低于商业银行贷款利率。可以用这些资金建立基础设施建设基金，直接管理和持有基础设施。这类似于在中国经济内部建立一系列"世界银行"，其运作方式比国家开发银行更加专注，而且能够相对独立于地方政府进行运作，

且独立地评估基础设施建设的可行性和实施效果。

第二，必须坚持改革方向。党的十八届三中全会提出的基本改革方向，是突破"中等收入陷阱"最重要、最基本的保证，必须坚定推进，不容动摇。在经济下滑的情况下，必须相应加快面向市场经济的改革，尤其是国有企业的改革和打破垄断的各种举措。这些改革如果到位，将极大地激发相关市场主体的积极性，提升经济的活力。

第三，必须继续坚持对外开放，与发达经济体合作竞争，在这一过程中提升中国经济自身的竞争力。当前全球化出现了新的形势，以美国为首的发达国家针对中国提出了一系列带有贸易保护性质的国际经济新体系。面对这些挑战，中国的应对策略应该是继续坚持改革开放，通过自贸区和"一带一路"等开放建设提升企业竞争力。当中国企业乃至整个经济的竞争力提高之后，国际上一些歧视性的保护主义政策对于中国经济的影响将会大大降低，中国企业也才能在国际谈判中轻松应对各种挑战，在国际竞争中立于不败之地。

综上所述，中国具备跨越"中等收入陷阱"的基本条件，经济增长的潜力仍然可观，当前的主要问题是要合理应对经济下行的挑战，加快改革，尽快为新一轮经济增长打下坚实的基础。

中国会错过第四次工业革命吗？

2016 年的达沃斯世界经济论坛冬季年会主题极其聚焦，那就是第四次工业革命。我在会场碰到的许多出席者都表示，以往年会的主题大都是概念性的，而这一届年会的主题比以往任何一届都显得集中和具体。

今年，美国派出了史上少见的庞大代表团——五位副国级或部长级官员同时出席，包括副总统、国务卿、国防部部长、财政部部长、商务部部长等高官。美国副总统拜登专门谈到，第四次工业革命给全球带来的诸多挑战中，他最担心的是，普罗大众尤其是中产阶层能否受惠于此；如何避免第四次工业革命带来的利益的重新调整，使得少数人受益、多数人受苦的尴尬局面再度出现。不过，大部分美国官员都对第四次工业革命的前景表示乐观。美国国务卿克里甚至说，美国从来没有像今天这样面对如此众多的利好，这些利好兑现可望进而帮助解决一些重大的全球问题。

那么，第四次工业革命会给中国带来什么？中国将成为第四次工业革命的受害者吗？

前三次工业革命，中国都没有完全赶上

什么是第四次工业革命？根据世界经济论坛创始人施瓦布教授的定义，这四次工业革命可以进行如下划分：第一次工业革命始于1775年瓦特改造蒸汽机，第二次始于19世纪末的电气化革命，第三次始于20世纪50年代的计算机革命，而第四次工业革命，则是包括计算机普及带来的信息化、3D打印和机器人等新型技术带来的制造领域革新以及生命科学技术带来的人类健康和生活方式改变在内的一次综合性革命。

施瓦布教授认为，这次工业革命将比以往三次革命带来更加深刻的变化。世界经济论坛的参与者以及施瓦布教授都特别强调，历次工业革命的列车都落下相当数量的全球乘客，如世界上仍有17%的人口至今没有享受到第一次工业革命带来的福利；而以计算机应用为标志的第三次工业革命，至今仍落下了全球一半的人口，他们与电脑上网等毫无关联。毫无疑问，第四次工业革命中一定会产生新的赢家与输家，这趟列车非常有可能比前三次工业革命落下更多的乘客。

那么，雄心勃勃要实现现代化的中国会错过第四次工业革命吗？我们会被第四次工业革命遗忘吗？我们能不能搭上这一轮革命的列车，从而彻底实现工业现代化？这并不是一个看起来虚拟自设的问题，仔细想来，这甚至是一个严峻的课题。

前三次工业革命，中国都没有完全赶上，至少比全世界慢了半拍。其中，前两次工业革命让中国陷入了落后挨打的尴尬局面；第三次工业革命中国很早就有所觉醒,当时中国研制出的第一台计算机DJS–130基本与日本研制的计算机同步,但是到了改革开放的初期,中国在计算机的硬件和软件方面就全面落后了。我们只是搭上了第三次工业革命列车的后半节,而并不是最快搭上这趟快速列车的乘客。

中国参与第四次工业革命的三大底气

对于第四次工业革命,我们首先必须有一定的底气和自信心,这其中的理由至少有三个。

第一,改革开放以来中国教育的飞速发展。中国高等教育的毛入学率,20世纪80年代初仅有2%,而到2015年已经达到40%,在各省区市中名列前茅的吉林省,更达到了52%。对于一个人均GDP仅有美国1/5的国家,尤其是考虑到中国大学生的辍学率远比美国的25%低得多,这是一个极其罕见的成就。特别值得关注的是,中国每年约700万大学毕业生中,至少有100万来自自然科学类学科,而工程类学科毕业生则至少占30%。与此同时,中国的理工科教育远比世界上其他国家,尤其是美国、英国等发达国家更加系统与严谨。在英美等发达国家,本科以通识教育为主,学生在工程技术方面的基本训练远远不及中国。而中国工科类毕业生,基本都初步具备直接参与工程技术工作的能力。中国有大量的工程技术人才储备,这是我们能搭上第四次工业革命最基础的资本。

而且,最近十几年,中国工业界在若干领域已经取得了举世瞩目的进步，在高铁、建筑工程设备、通信、无人机等方面，中国不仅毫无疑问跨入了全球第一阵营，甚至在第一阵营里取得了领先地位。我们可以有信心地讲，未来 5—10 年，中国还有望在军用、民用飞机发动机以及大客机方面取得一些突破性的进展。中国目前在科学技术和工业方面的迅猛发展势头，也反映在中国每年申请专利的数量以及工程、自然科学论文的发表数量和被引用量都进入世界第一阵营上。

第二，中国仍然有巨大的市场。其中，中国汽车、高铁、特高压、输变电、发电等市场的规模都位居世界前列，而民用航空也会在不久的将来跃居世界第一。这些巨大的市场为中国参与第四次工业革命创造了前所未有的巨大优势。因为有了巨大的市场，就可以制定中国标准，而标准制定者往往在技术突破和工业化中占据重要优势。同时，巨大的市场也会孕育出大型的公司，如华为、美的等，都是世界上相关行业第一阵营的大型公司。大型公司具有强大的资金支持和研发能力，在参与第四次工业革命时具有巨大的优势。

第三，中国经济总体上仍然处在良好的较快增长势头中，与其他国家经济普遍下滑形成鲜明的对比。中国经济的增速仍然保持在 6% 以上，即便目前碰到了一些困难，但高新技术产业增加值的增长速度仍然高于整体经济的发展速度。与此密切相关的是，中国目前仍然是全球最高储蓄率的经济体，官方公布的储蓄率达到 45% 左右，当然这一数据有一定的高估，根据我的研究，中国目前的国民储蓄率为 38% 左右，这在全球范围内仍是一个很高的数字。2013 年，美国国民储蓄率仅仅为 17.6%，日本为 21.8%（美国和日本数据来自世界银行 WDI 数据库），中国是少有的拥有巨额储蓄的经济体。而资金是科

学技术转变为企业发展动力的助推器，有了这一强大的助推器，任何
技术都能够较快落地。

恶补短板：在制约创新的制度改进上要适当超前，领先开放

尽管有上述三点重要优势，但是我们也必须看到，面对第四次工
业革命，中国当前最大的短板，同时也最令人担忧的，是我们的制度
会不会制约创新能力。第四次工业革命一定会给现有的制度带来巨大
的冲击，如果制度不加以改进，那么必将成为第四次工业革命的桎梏。

比如说，互联网技术的运用，给传统出租车行业带来了冲击。现
代技术允许每个人用私家车作为商用车，私家车与商用车的界限越来
越小。过去，出租车司机与打车者通过出租车公司的执照撮合而形成
了相互信任的关系。过去，运营车就是运营车，必须由公司购买，交
由劳动者使用。今天，私家车大量闲置，本身就可以用作运营车。这
就需要法律做出界定，需要给民间的闲置汽车和劳动力一个相对宽松
的环境，将这些私家车转变为出租车。

再比如说，无人驾驶汽车必须要通过制度的创新才能够上路，若
没有清晰界定的制度保证，无人驾驶汽车若出了问题由谁来负责？其
中厂家应该负什么样的法律责任？如果一辆无人驾驶汽车与另一辆有
人驾驶汽车发生了碰撞，如何界定责任？无人驾驶汽车的行为标准和
有人驾驶汽车应该有什么不一样？

再比如说，随着生物科技的发展，个性化的基因测序很快将大规

模市场化，在这种情况下，谁可以拥有个人的基因信息？在什么情况下，药厂、保险公司和医院可以获得这些信息？更敏感的话题是，未来生育将有可能与今天完全不同，代孕是不是可行？谁拥有生育的权利？谁能够控制自己的基因？这些重大的问题必须在法律上进行突破。

我的呼吁是，面对第四次工业革命，中国应该在意识上适当地超前，否则我们将有可能在相关领域的竞争中输给对手，因为在技术日新月异的今天，即使起步只是比别人稍晚一点，未来我们与领先者的差距也有可能越拉越大。

在与第四次工业革命相关的法律问题上，我们应该抱持一种开放的心态；在局部领域，要给新的技术打开一个窗口，让领先者不断地去探索创新。中国不仅应该成为第四次工业革命的搭便车者，更应该成为一个引领者，这就要求我们在制度上要创新，要有所领先；胆子大一点，宁肯多放开一点，有问题再修改，也绝对不要有宁慢勿错的封闭心态。

中国从来没有像今天这样与世界领先的技术浪潮如此接近。第四次工业革命是一次新的浪潮，在这个过程中，中国绝不应该沦为落后者，这就要求我们在约束技术进步的制度上要适当地领先开放。如果制度创新跟上了，中国完全能够成为第四次工业革命的领跑者。

什么是中国与世界的新常态？

新常态是 2008 年金融危机爆发以后，近年国际上描述发达国家经济与金融状况的一个常用说法。该说法在最近两年的冬季达沃斯世界经济论坛上频繁出现。"新常态下，我国经济发展表现出速度变化、结构优化、动力转换三大特点，增长速度要从高速转向中高速，发展方式要从规模速度型转向质量效率型，经济结构调整要从增量扩能为主转向调整存量、做优增量并举，发展动力要从主要依靠资源和低成本劳动力等要素投入转向创新驱动。"[1]

新常态对于中国和世界到底意味着什么？对这一问题的判断，无疑是一个影响中国经济、社会以及企业相关决策的重要课题。以下，我们分别针对发达国家、除中国之外的新兴市场国家以及中国这三类经济体，分析其各自发展的新常态。由于分析过长的年份需要更加粗线条的研究框架，精准度也随之下降，这里将时间窗口设置为未来三年到五年的中期发展阶段。

发达国家的新常态

在 2008 年国际金融危机爆发 6 年之后，发达国家陆续进入后危机时代的恢复进程，不仅英国、美国，即使是危机深重的希腊、西班牙，也已经全面进入逐步走出危机、不断修复创伤以及调整引发危机的深层次问题的阶段。

对于英国、美国等国，新常态意味着经济总体增长速度比之危

---

① 《十八大以来重要文献选编》中，中央文献出版社 2016 年版，第 774 页。

机前略有下降，但最重要的是，这些国家在危机后的增长主要来自金融、房地产、高科技、高端服务业等领域，因此其所面临的最大挑战，是如何协调经济发展与经济恢复过程中的社会矛盾。尤其突出的问题是，全球化的大格局导致发达国家一大批低技能人群丧失了竞争力。以美国为例，尽管失业率不断下降，但有大量人口长期失业，且已不再纳入失业率统计。因此有人讲，美国的恢复是富人的恢复，收入差距在扩大。在英国，虽然经济增长速度并不低，但是员工的薪酬却在下降，这是连英国人自己都感到分外吃惊的经济现象。

综合分析，西方发达国家新常态的主要特征是：在全球化的压力下，国内政治民粹化，变革的矛头指向资本精英，那就是更加强调分配的公平性，强调对市场机制，尤其是金融市场的约束，同时，对于社会高收入人群的税收也会有所提高。这一点从最近一个时期以来，法国经济学家托马斯·皮凯蒂（Thomas Piketty）的新作走红并引发热议中可以得到一定的佐证。

中国之外新兴市场国家的新常态

中国之外的新兴市场国家，在 2008 年金融危机初期所受到的影响相对有限，而从 2009 年开始，当发达国家大规模推行量化宽松及其他宽松的货币政策之后，大量资本涌入新兴市场国家，再加上中国经济迅速恢复所带来的对大宗商品需求的上涨，新兴市场国家的经济出现了一轮兴旺、蓬勃发展的可喜格局。不幸的是，这一轮发展的基础并不牢固，因为不少国家的市场机制并不牢固，宏观管理并不够稳健，所以从 2013 年年初开始，当美联储宣布将逐步退出量化宽松政策的时候，新兴市场国家遭到了新一轮撤资的冲击。可以预计，在受到发达国家货币政策调整的影响之下，这些国家的新常态将是经济整体增长速度的低迷，而这个低迷的过程，又会刺激一部分新兴市场国家不得不推行一些面向市场化的经济体制改革。

所以，新兴市场国家新常态的基本主题，是在低增长时代寻求经济体制的改革，试图为新一轮的增长创造一个制度基础，简而言之，"向右转"。可以肯定的是，部分新兴市场国家能够抓住机遇，推行改革；而其他一些国家很可能回避改革，将自己的经济推向更加艰难的境地。

中国经济的四种新常态

许多分析家认为，中国经济新常态的基本点就是增长速度的逐步下降，以及债务水平的逐步调整。在我看来，这些分析不一定全面，其原因在于，这些分析过多地关注宏观经济的表现，而我们需要更加深入地分析中国经济新常态的一些内涵，即那些潜在的、非常重要的经济、社会现象将决定中国宏观经济的新常态表现。综合来看，中国经济的新常态，将有以下四个方面的重要表现。

1. 新旧增长点的拉锯式交替

这将是中国经济新常态最明显、最突出的一个特点。中国旧的增长点有两个，一是出口，二是房地产，它们将会逐步地、有一定反复地退出。其中，出口的增长将直接受到国际经济波动的影响而出现各种波动和反复。总体上讲，因为中国经济的体量在不断增长，而世界市场将难以支撑中国出口的持续增长，所以，出口以及贸易顺差占中国 GDP 的比重将不断下降。但这个过程不是线性的，而是波动的。

在中国城市居民基本住房需求大致得到满足这个大背景推动下，加之金融市场的调整使得百姓的投资回报率上涨，房地产增长也会出现波动式的下降。这些旧增长点波动式的下降，将与新增长点不断波动式的上升交织，为整个宏观经济的增长带来阵痛。

中国经济的新增长点有三个。第一是长期性的、公共消费型的基础建设投资。这些投资包括高铁、地铁、城市公共设施建设、空气和水污染的治理等。第二是各种生产能力的转型和升级，包括高污染、高能耗的产能的升级，这也不可能是线性的、平稳上升的，一定会出现波动，这与资本市场融资成本的高低以及政府产业政策的调整有密切的关系。第三是居民消费，中国的居民消费占 GDP 的比重已是每年上升 0.7%，目前已升至 47% 左右。

问题的关键是，旧增长点的退出是波动性的，新增长点的发力也不是平稳的，因此，未来三五年的经济增长速度将会出现波动。这种波动与中国传统的宏观经济波动不同，传统的宏观经济波动更多来自总需求的波动，包括投资需求的波动，因此政府需要经常性地踩刹车,通过各种政策和行政手段来应对。而在中国经济的新常态下,宏观经济波动的本质是新老增长点的交替。这种交替将不断导致增长的内在动力不足。因此,宏观政策在这段时间基本的主题将是稳增长,采取各种措施来为新增长点催生。其中最重要的一点可能是公共消费型基础建设投资的投入。这种投入在一定程度上讲需要政府来主导,这也是政府稳增长的主要发力点。

与此相关的是,中国由于国民储蓄率高企,所以目前高达200%左右的债务/GDP比例还会提高,所谓的去杠杆的进程短期不会来到。高储蓄带来的高杠杆是合理的,关键是其结构中,有政府担保的长期债务大有必要提高。

2. 渐进式的经济结构调整

中国经济新常态的第二个表现事实上已经出现,那就是潜在的、渐进式的,并没有完全被观察者所识别的结构调整。这种结构的调整具体体现在以下几个方面。

一是劳动工资率的持续上涨,尤其是蓝领工人的工资上涨,其背后的原因是剩余劳动力的减少殆尽。与蓝领工人工资以两位数上涨、明显超过名义GDP增长速度形成对比的是,总体上资本的收益率在下降。事实上,当前中国已经处在资本成本较高的一个阶段,这种实际利率达到3%以上的情形在改革开放年代并不多见。相信经过下一轮改革,实际利率将又会下降,毕竟中国经济的基本特点是高国民储蓄率。就算按照目前的水平,蓝领工人劳动工资上涨已经带来了资本取代劳动力的趋势，各行各业都在想方设法提高资本对劳动力的比重。伴随资本取代劳动力，资本积累将会加速。

二是实际推进的结构调整，是随着新型城镇化的发展，除特大型城市外，户籍已经基本放开，中国劳动人口将实现 60 年来的第一次自由迁徙。今后，中国经济的区域布局将超出行政规划的约束，呈现各城市、各地区竞争高质量人口的格局，中国的经济地理将会发生重大变化。这一进程对中国经济发展的影响将极为深远。

三是居民消费的比重、服务业的比重均不断上涨。而且，服务业不只是生产性服务业，也包括物流、配送、电商、金融服务等消费性服务业。劳动就业的主要流向也在服务业。

3. 改革进入深水区

改革进入深水区也将是中国经济的一个新常态。本轮改革的决心和目标以及覆盖面可以说是前所未有。与此同时也必须看到，改革的阻力恐怕也前所未有。

改革的动力应该来自两个方面，一个是上层推动改革的能量。这种自上而下的动力现在非常充足，中央特别成立了全面深化体制改革领导小组。但问题是，本轮改革中，基层政府与国有企业显得相对比较被动，整体上缺少创造力、能量不足。其原因是多方面的，其中一个比较重要的方面是一些官员激励不足，胆小怕事。

目前经济领域最引人瞩目的三大改革，第一是金融体制改革。这一改革目前是自上而下推进的，所以进展相对顺利，利率市场化未来两年到三年内有可能基本完成，民间资本创办的银行已经开始布局，资本账户的开放也已提上议事日程。第二是财政体制改革，其目前处在规划之中，重点是完善税收体制、划分中央与地方的财政关系。这种自上而下的改革也许在不久的将来可以得到推进。第三大改革，是大家一直关注的国有企业改革。国企改革的根本在于进一步的市场化，在于把国企与政府进一步地分离，在于国企要进一步地资本化运营，但是这些方面的探索目前远远不足。总之，改革进入深水区将是中国经济的新常态。

4. 国际经济领域中国要素的提升

改革开放以来，中国基本处于一个接受国际经济规则、融入国际金融体系的大进程中。但时至今日，国际格局已经发生了重大变化，中国已经是世界经济舰队中的万吨巨轮，由于国民储蓄率高企，资金雄厚，很快将成为世界第一大投资国，对外投资超过吸引外资，企业规模也随之不断扩大。因此，中国与世界的互动已经成为一个双向反馈的过程，不仅中国经济要进一步接受国际规则的要求、提升国际化水平，同时，中国也在不断对世界经济的运行规则提出自己的修改意见，不断通过各种运作让国际社会接受自己的一些基本诉求，比如，参与创办包括金砖国家新开发银行在内的金融机构，以此来改善国际经济秩序。中国已经不是一个简单的国际规则的接受者，而逐步地变成一个积极务实的行动者，通过对国际经济秩序提出改革意见，让国际社会更好地接受中国经济的存在。这也是未来中国经济的新常态。

总之，全球金融危机爆发以后，中国与世界都进入到一个新常态。这个新常态本身就是一个动态的、不断塑造新的中国与世界大格局的过程。认真分析、抓住机遇，是中国经济的所有参与者需要学习的必修课。

宏观政策需要在供给侧结构性改革与长期需求培育方面取得平衡

从 2019 年开始，中国的经济政策和金融政策事实上正在发生一个重大的变化，主要有以下两个方面思路的改变：

第一个思路改变，在实体经济领域，由过去强调供给侧结构性改革，逐步转向在供给侧结构性改革与长期需求培育之间取得平衡。具体说来，过去几年我们的基本思路，用特别通俗的话来讲，就是中国老百姓有需求，要买高质量的马桶盖和奶粉，但中国提供不了，所以都跑到日本旅游去买，我们的解决办法就是要让企业多生产高质量的马桶盖和奶粉，因此中国经济就可以发展了。供给侧改革提出这么多年，已经做得很多了，特别是在钢铁、水泥和煤炭这些行业已经取得了巨大的成功。我认为中国经济目前的首要问题是我们的长期需求并没有充分释放出来，14 亿人口当中还有 10 亿人口没有进入中等收入水平，很多人还没有坐过飞机和高铁，夏天没有空调，冬天没有暖气。

考虑到国际形势的变化，未来中国经济的重要任务是培育好国内的大市场，释放潜在的长期需求。我们需要的是让越来越多的没有进入中等收入人群的人口能够进城，能够得到培训，能够更多地通过就业提高收入，进入到现代化生活的轨道中来，纳入到我们城市经济生活中来。因此，我们建议用 3 个五年计划的时间，再帮助 4 亿人口从较低收入人群迈入中等收入人群。如何能够释放出这 4 亿人在小康社会中向往美好生活的各类需求，这需要我们政府更加积极地去培育市场，加快提升治理能力现代化的程度。

一旦这种思路落地成了各种各样的部门政策，将为中国经济的高质量发展提供长期的动力支持。为什么这样讲？因为中国还有 10 亿人口没有进入到中等收入人群，目前他们的收入水平是 20 年前你我的收入水平，还有巨大的提升空间，需要空调和汽车，需要出行和旅游，也需要基本的社会服务。我们做过测算，如果中国能在 15 年时间内实现中等收入人群倍增的目标，每年的国内生产总值（GDP）增长速度还能够在目前的水平上增加 0.7%—0.75%。

第二个思路改变，在金融领域，由过去强调去杠杆，逐步转向宏观杠杆的结构调整。过去的三四年强调得比较多的是通过去杠杆来防范系统性金融风险，在当时的历史条件下这个思路当然很重要，也取得了很大的成绩。但我的体会是现在也有思路上的转变，在未来一段时间里，中国金融问题的基本矛盾恐怕不是去杠杆，而是调整宏观杠杆的结构。

为什么这样说？从总量来看，中国的宏观杠杆率不算高，截至 2020 年 9 月，我国实体经济部门杠杆率为 270%，略高于美国，总量处于合理可控区间。况且中国杠杆率高有其内在原因：从融资结构来看，我们的股权融资占比较低，且国民储蓄率长期持续较高水平，约是美国的 2.6 倍，这就使得大量的投资最终以债务形式存在，这些都推高了中国杠杆率的整体水平。所以从这个意义上讲，我们不能简单地说去杠杆，而是应该注意调整杠杆结构，优化杠杆质量。

如何调整杠杆结构？基本思路是把地方债转化为国债。目前我国地方政府债太多，占到 GDP 的 20%—34%，[①] 构成中国经济一个较为突出的风险点。与此相比，中央政府杠杆率很低，2018 年末国债存量余额只占 GDP 的 16%。[②] 和地方债相比，国债有天然的优势，它更透明也更方便管理，同时国债作为准货币，在全世界都受欢迎，各国的央行、政府和机构投资者都想买中国的国债，因此不妨把部分地方债转化为国债。

总结一句话：实体经济方面可能在供给侧结构性改革与长期需求培育方面取得一个平衡，金融方面在去杠杆和宏观杠杆的结构调整之间取得一个平衡。

以上的观察至少有以下两个推论：第一，如果长期需求得到了释放，那么中国经济的增长速度应该能够稳定下来，未来的若干年包括 2020 年应该能够稳住下滑趋势，甚至还会有所回升。第二，如果在金融领域重点调整杠杆结构，适当放松流动性，那么我们的金融市场也会有比较大的变化，股市也会缓解压力，甚至进一步回暖，债券市场和理财市场也会更加理性健康发展。

---

① 关于地方债规模有不同的测算口径，按照财政部数据，2018 年我国地方政府债务余额占 GDP 的 20%，按 IMF 估计的各国广义政府负债率，2018 年我国地方债余额为 GDP 的 34%。

② 2018 年年末国债的存量余额为 14.96 万亿，中国 2018 年实际 GDP 为 91.9 万亿人民币，占比 16%。数据来源：财政部网站，http://yss.mof.gov.cn/2018czjs/201907/t20190718_3303318.htm。

中国经济还有赶超空间吗？

自 2013 年以来，中国经济增长速度放缓，国家统计局最近发布的数据显示，2019 年第三季度，GDP 增速降到了 6.0%。学术界一个比较主导性的说法是，中国经济已经结束赶超时代，未来增速持续下降将是一个长期趋势。他们的理由主要有两个。第一，中国人均 GDP 将达到 1.1 万美元的水平，根据历史经验，当一个经济体的人均 GDP 达到这一水平时，经济增速往往会不断下滑。第二，从国内因素来看，人口老龄化已经成为大趋势，总劳动力已经饱和；在不久的将来，劳动力供给将不断下降。

这类分析并没有抓住中国经济增长最根本的性质，没有看到中国经济增长最基本的潜力。实际上，如果措施得法，通过一段时间的调整和改革，中国经济应该能够重回赶超轨道。

赶超的逻辑

研究一个经济体是否有继续增长的潜力，一个重要指标就是这个经济体与世界领先经济体的差距。因为在技术、商业模式创新等动力的推进下，领先经济体还会继续保持增长，其人均 GDP 发展水平并非停滞于一个绝对值。

当今世界，经济领先的国家是美国，2018 年，其人均 GDP 达到了 6.3 万美元。而按照购买力平价计算（1 美元约等于 4 元人民币），中国人均 GDP 仍然不到美国的 30%。而在历史上，人均 GDP 达到 1.1 万美元的经济体，与美国当时的人均 GDP 相比，差距是比较小的，因为当时美国的人均 GDP 远远低于 2018 年的 6.3 万美元。

所以，从这个角度看，我们不能按照绝对水平来观察中国经济的增长潜力。在商业模式、生产技术、市场开发、管理理念、体制改革等方方面面的赶超中，中国经济仍然有巨大的增长空间。

中国满足突破"中等收入陷阱"的"三好学生"标准

最近一个时期，清华大学中国与世界经济研究中心专门研究了所谓"中等收入陷阱"的问题。我们发现，第二次世界大战后的 70 年来，世界 100 多个国家和地区中，只有 13 个国家和地区实现了"中等收入陷阱"的突破，即人均 GDP 从 4000 多美元上升到 12000 美元（世界银行的标准）。这些国家和地区分别是葡萄牙、希腊、马耳他、以色列、韩国、塞浦路斯、中国台湾、西班牙、日本、阿曼、爱尔兰、中国香港和新加坡。我们发现，三个条件使得这 13 个国家和地区实现了"中等收入陷阱"的突破，我们称之为"三好学生"标准。

中国今天完全满足了"三好学生"的标准。

第一，市场经济制度是否已经在一个经济体中生根发芽。答案是肯定的，中国经过多年的改革与开放，虽然在经济体制方面仍然有持续改进的巨大空间，但不可否认的是，市场经济已经深入人心，市场改革的方向不可动摇。

第二，人口素质与人力资本是否达到基本标准。中国的公共健康水平，在全球各国尤其是新兴市场国家中是领先的；中国人口的受教育水平，比之于其他新兴市场国家尤为突出，高等教育毛入学率已经上升到 37.5%，15 岁以上人口文盲率下降到 4% 以下，相比之下，印度是 30%，而中国的文盲标准明显高过一般新兴市场国家。公共卫生水平（包括人均预期寿命）和人口受教育水平的不断提高，将为中国经济增长提供最基本的条件。

第三，是否对发达经济体开放。中国经济多年来快速发展的宝贵经验是对外开放，特别是对发达国家开放。尤其在投资和进出口方面，中国始终对发达国家开放。当一个国家对发达国家开放的时候，其经济增长水平会不断与发达国家靠近，这也是日本人所说的"雁阵模式"。

人均 GDP 达到美国 20% 之后的预判

既然中国当前人均 GDP 水平是美国的 20%，而且更重要的是，中国人均 GDP 达到了历史上超越"中等收入陷阱"的经济体的水平，那么，中国经济未来 15 年的增长潜力到底是多少呢？

我们来看历史上 13 个国家和地区在达到美国人均 GDP 20%以后的增长情况：日本、韩国和中国台湾地区始终保持着 7%以上的经济增长水平（见表 1），其他国家和地区在此发展阶段也继续呈现出良好的增长势头。由此我们应该看到，中国经济具有巨大的增长潜力。

大国发展的逻辑

我们必须正视一个重要的事实，那就是与东亚其他国家和地区以及历史上实现中等收入陷阱突破的国家相比，中国是一个幅员辽阔、人口众多的大国。那么，大国的经济增长潜力会大打折扣吗？

我认为答案是否定的，即，中国作为大国，增长潜力比小国更大。其原因是中国经济内部相当于一个小世界，还有巨大的内部贸易潜力，目前没有完全发挥出来。举例说来，中国各省之间的经济差距不亚于世界各国的经济差距。浙江省的人均 GDP 是贵州省的 4 倍之多，这个差距几乎等同于中国与美国的收入差距，更重要的是，浙江省与贵州省可以实现全生产要素流动，包括资本和劳动力，这在中美之间是不可能完全实现的。所以，浙江省的资本还将会源源不断地流向经济落后地区，同样，经济落后地区的一部分劳动力还会涌向发达地区。这种国内贸易的巨大潜力强调再多也不过分。

更重要的是，由于是大国经济，所以统一的大市场一旦形成，就能够不断地支撑中国企业和产业的发展。以淘宝、京东为例，最近这些电商平台之所以发展迅猛，原因之一固然是它们学习了国外先进的商业理念和商业模式，而更重要的是，国内已经形成了统一的大市场，淘宝、京东可以在全国范围内统一销售产品，统一布局物流，大大降低了每单位交易的成本。

中国巨大的市场也能够支撑研发，让研发投入不断上涨。这就是中国高铁今天能够走出国门最主要的原因。高铁之所以成为中国"走出去"的拳头产业，恐怕并不是因为中国工程师比德国西门子的工程师更加能干，水平更高，最重要的原因是中国人口众多，很多城市人口密集，城市与城市之间的交通量巨大，从而形成了对高铁的巨大需求，这一需求在世界其他发达国家内部是罕见的。

与此逻辑完全相同的就是，中国的建筑、工程机械企业也已经成为世界级龙头。所以，今天的中国经济比之于当年的韩国、日本、中国台湾地区应该具有更大的增长潜力。

而大国经济这篇文章要做好，关键是要打破省与省之间、区域与区域之间人口流动的羁绊。一旦劳动力能够在各省之间进一步流通，中国经济从全局上将会出现新一轮的发展。其中的具体机制就是城镇化。需要特别注意的是，城镇化进程的推进并不意味着每一个地区的经济会同步上涨。比如说，东北地区可能有所下降，但是，其他地区的增长将远远弥补东北地区经济的相对萎缩。

老龄化是致命打击吗？

这一观点十分流行，但笔者十分不赞同。首先，人口老龄化这一因素不能单独用于分析并作结论，而必须与人均 GDP 发展水平、人口健康水平以及劳动力素质综合考虑。

中国人口的平均年龄的确在上升，但是由于健康水平比之于 20 年前甚至于 10 年前明显提高，同时有大量收入水平低下的劳动力仍然有持续工作的意愿和能力。因此，如果制度能够适当灵活，能够让退休制度不但不惩罚延期工作者，而且鼓励延期工作，那么，人口老龄化问题就能直接解决。

举例说来，当前 55 岁的男性蓝领工人，平均健康水平要好于其父辈在 45—50 岁时的水平，但是目前的制度强制其中不少人在 55 岁时退休。同样，50 岁女性劳动力的平均健康水平也要高于 30 年前 45 岁女性劳动力的水平，却也往往过早退休，大量的劳动力现在浪费在广场舞和无谓的家务上。一旦能够适当地延期退休，同时给这部分人增加延期退休福利，消灭年龄歧视，将在很大程度上维系中国的劳动参与率。

另一个因素也必须考虑，那就是，中国是高储蓄、高投资经济体，随着资本的不断积累，中国资本与劳动力之比将不断上升到世界前列。因此，每一个劳动者对应的资本量不断上升，劳动的生产率还有巨大的提升空间，劳动强度将不断地下降。这就回到了上面所说的中国人均 GDP 是美国 20% 这一基本事实。中国的劳均资本质量和数量还有不断上升的空间。

从短期来看，人口老龄化其实是促进了中国经济的结构调整。由于人口老龄化，劳动力供给相对短缺带动了劳动工资的上涨，又反过来促进了可支配收入的上升，从而拉动了消费的持续上涨，而中国经济的短板恰恰是消费而不是供给。所以，不管从短期还是长期看，老龄化都不至于成为中国经济持续增长的致命因素。

国际经济制度变迁的负面影响有多大

很多人讲，当中国经济作为一个大国经济不断上升的话，美国等大国将采取各种措施限制中国的发展。

的确，美国有制约中国经济发展、遏制其冲击世界经济新秩序的战略意图。但是必须看到，这种战略意图能否实现，在很大程度上完全取决于中国如何应对。

发达国家绝对不是铁板一块，而美国也不可能完全主导发达国家经济治理的制度。美国与英国，美国与德国已经出现了对中国的不同经济战略。整体来看，国际环境对中国的持续发展还是有利的，并不能说国际因素是中国未来发展的制约性因素。

总之，经过一段时间的改革和调整，在解决当前发展中的一些瓶颈因素，如地方政府的懒政怠政、融资成本过高、淘汰落后产能过慢、清理呆账坏账过慢等之后，中国经济仍然能够焕发青春，回到中高速增长的时代。中国的企业和百姓对于未来经济发展的前景应该坚定信心。

后疫情时代的世界格局及其应对

　　新冠肺炎疫情作为百年来最严重的公共卫生突发事件，对全球生产生活造成了巨大冲击，2020 年将出现第二次世界大战以来的全球经济最大的衰退。新冠肺炎疫情加快了世界百年未有之大变局的节奏和烈度，原本要经历十到二十年的长期缓慢变化可能会被压缩到在未来两三年集中出现，这既是重大的战略机遇期，也是各类风险频发的挑战期。那么后疫情时代全球的格局是怎样的？我认为有以下三个特点值得关注。

　　第一，全球经济大概率进入一个持续低迷期。2020 年危机不是金融危机，而是穷人危机。因为金融危机是富人的危机，是有资产的、有股票的、华尔街人的危机；而这次是穷人的危机，穷人没工作、没市场，无法出门，没有收入。因此，从结果来看这次危机带来的社会影响远远超过 2008 年。2008 年是华尔街有几个机构破产了，政府一补助，美联储一救助，危机就稳住了，经济很快就反弹了。这一次的后果可能比 2008 年要严重得多，因为它是一个真正的经济危机，而不仅仅是金融危机。小企业破产，穷人失去工作。政府当然可以救助，但是各国手中的政策工具能支持多久呢？因此，未来两三年不排除会发生大规模的金融震荡的风险，全球经济在未来五到十年恐怕也会进入一个持续低迷期。

第二，国际治理体系正在发生深刻的变化。经历了 2008 年国际金融危机和 2020 年新冠肺炎疫情两轮冲击，西方国家民族主义、民粹主义、极端主义抬头，美国的全球领导能力与领导意愿大幅下降。同时，美国国内矛盾的不断演变，也导致其对外政策容易被左右。这些都表明，第二次世界大战结束后由美国主导建立的世界秩序正在面临着来自内部和外部的多方挑战，特别是在新冠肺炎疫情这一外部冲击下，原有国际治理体系的弊端被充分暴露和放大，在这种趋势下，尽管中国尚未做好完全的准备，但客观上已经必须承担起为世界提供解决方案和公共产品的历史使命。

第三，科技革命将会给全球经济社会运行带来重大变革。以人工智能、通信技术、生命科学等为代表的新一轮科技革命，很可能导致国际经济大洗牌，赢者通吃的前景不容忽视，同时也会深刻改变社会的治理格局。未来五到十年，恐怕是这些技术飞速发展的时期，一方面会改变现有的经济社会运行方式，另一方面在这些关键领域的竞争也将重塑世界经济格局。

那么，面对后疫情时代的复杂局面，如何才能落实习近平总书记提出的育新机、开新局的战略任务？

第一，面对放缓的全球化，经济发展的重点必须转变，从投资和生产转向培育和释放潜在的国内市场需求、做大做强统一的国内大市场，实现从世界工厂到世界高水平大经济体的升级。当前中国社会有 4 亿中等收入人群和 10 亿较低收入人群，对于前者，他们在医疗、教育、住房、养老等诸多领域还有大量的复杂需求尚未被满足；对于后者，在打赢脱贫攻坚战之后，应该用 3 个五年计划，再帮助 4 亿人口迈入中等收入群实现中等收入群体的倍增，这就需要在城镇化方面下大力气，要让那些城市中的外来务工人员变成城市的居民，真正地融入城市生活，同时把他们在农村的家庭接过来在城市扎根落户。

第二，为了抓住新一轮科技革命的重大机遇，必须不断提升中国经济内生的科技创新能力。当前中国经济的一大优势是已经形成了若干个以超大型科技企业为依托的科技创新平台，同时，民间资本投资科技创新的积极性空前高涨，未来政府的工作重点应该是支持基础科研和通用技术研发，而在应用技术方面，则要充分发挥这些创新平台和民间资本的作用。当前，不少地方政府积极推出的各类创新基金不宜主导科技创新，政府应该成为科技创新的啦啦队而不是运动员。

第三，加强政府决策者的正向激励。一段时间以来，对政府决策者纪律约束大大加强，但正向激励也必须跟上。经济发展方面，建议研究将部分的税收由生产环节转向消费环节，由生产地征收改为消费地征收，以此激励地方政府官员精心培育本地的消费市场，而不是仅仅抓生产投资。社会治理方面，建议干部评价考核体系引入居民的满意度调查，而不是仅仅依赖上级考核，激励各级干部更加关注民生和社会情绪、对下负责。

第四，在国际领域要做到防风险与发挥领导力。首先是防风险，各种我们习以为常的全球治理基础设施有可能会失灵，建议要定期进行压力测试，检验自己的应对能力，做好充分预案。其次，也要积极发挥领导力，打造自己的贸易朋友圈。

中国经济：展望 2035 和 2050

党的十九大之后的中国经济有哪些地方值得我们期待？未来若干年中短期的中国经济发展有什么特点？ 2020 年全面建成小康社会时的中国经济将达到怎样的发展水平？ 2035 年基本实现社会主义现代化意味着什么？到 21 世纪中叶 2050 年第二个百年奋斗目标实现之时，中国经济的图景将是如何？从现在开始，中国经济必须解决的若干问题又是什么？这一系列问题都值得国人仔细分析、认真思考。

2020 年全面建成小康社会时的中国经济

全面建成小康社会是一个综合性的发展目标，它不仅包含着经济发展的各项任务和目标，也包含着社会发展等其他方面的任务和目标。那么，从经济发展来看，全面建成小康社会意味着什么呢？

综合分析，到 2020 年全面建成小康社会之时，中国的人均 GDP 按照市场汇率计算将达到 1 万美元左右；按照购买力平价计算，将达到美国的 30% 左右。这一发展水平将十分接近世界银行所定义的高收入国家门槛。到那时，中国基本上告别了所谓"中等收入陷阱"。

纯粹从经济发展指标来看，达到这一目标并不困难。只要经济从现在开始到 2020 年保持 6% 的增长速度，这一目标是完全可以期待的。正如习近平总书记在系列重要讲话中反复强调的："全面建成小康社会、实现第一个百年奋斗目标，农村贫困人口全部脱贫是一个标志性指标。""全面建成小康社会，是我们对全国人民的庄严承诺，必须实现，而且必须全面实现，没有任何讨价还价的余地。"[①] 这恐怕也是从现在开始到 2020 年党和政府工作的重中之重。

2035 年的中国经济

党的十九大报告指出，到 2035 年中国将基本实现社会主义现代化。报告对此给出了比较详尽的描述："到那时，我国经济实力、科技实力将大幅跃升，跻身创新型国家前列；人民平等参与、平等发展权利得到充分保障，法治国家、法治政府、法治社会基本建成，各方面制度更加完善，国家治理体系和治理能力现代化基本实现；社会文明程度达到新的高度，国家文化软实力显著增强，中华文化影响更加广泛深入；人民生活更为宽裕，中等收入群体比例明显提高，城乡区域发展差距和居民生活水平差距显著缩小，基本公共服务均等化基本实现，全体人民共同富裕迈出坚实步伐；现代社会治理格局基本形成，社会充满活力又和谐有序；生态环境根本好转，美丽中国目标基

---

① 《习近平关于全面建成小康社会论述摘编》，中央文献出版社 2016 年版，第 154 页。

本实现。"① 那么，从经济发展的角度来看，2035 年的中国经济将呈现出怎样的前景呢?

从经济学角度分析，我们可以用两种方式来加以描述。第一种方式，也是比较常用的方式，就是用绝对的人均收入水平来衡量。按这个标准来看，中国到 2035 年应该能够达到当前最发达的、人口在 500 万以上的前 20 个国家的发展水平，即人均 GDP 能达到按 2011 年不变价计算的 2.5 万到 3 万美元之间。

但是必须看到，这样的发展图像可能并不是中国百姓和决策者心目中的目标，因为世界在变化，各国在发展，实现社会主义现代化对标的也应该是移动的标杆，要达到的是一个相对的标准，即到 2035 年被认为世界上最发达国家的标准，这是第二种方式。

经过仔细的分析，我们认为，中国完全有可能于 2035 年进入那时世界上最发达的、人口在 500 万以上的大中型国家的行列。换句话来讲，按经济发展水平和老百姓生活的富裕程度来看，中国完全可以达到人口在 500 万以上的大中型国家的前 30 强水平。按照今天的图像来看，那就是能够达到以色列、葡萄牙这些国家的水平。中国的人均 GDP 按照当前的购买力平价标准来看，将达到美国的 60% 左右，经济总量将是美国的两倍左右，这是一个极其具有里程碑意义的指标。因为历史的经验告诉我们，一旦一个国家的经济发展水平达到美国的 50% 以上时，它的经济发展一般将会相对比较平稳，金融危机、经济危机、外部冲击、社会动荡等因素对

---

① 习近平:《决胜全面建成小康社会　夺取新时代中国特色社会主义伟大胜利——在中国共产党第十九次全国代表大会上的报告》，人民出版社 2017 年版，第 28—29 页。

经济和社会的影响都较容易得到化解。

2050 年的中国经济

根据我们的综合测算，到 2050 年，中国建成富强民主文明和谐美丽的社会主义现代化强国的目标在经济发展方面应该能够实现。在经济发展水平上讲，中国那时候完全有可能迈入全球最发达的大中型国家的前列，人均富裕水平能够进入那时大中型国家的前 20 位之内，按照购买力平价计算的人均生活水平应该能达到美国的 70% 左右，经济总量将达到美国的 2.5 倍以上，甚至接近 3 倍。在综合国力上，中国将稳居世界的前列，并有望在科技、创新、环境保护、生态文明建设、人力资源发展、人均寿命等方面居于世界前列。

我们认为，这一增长目标并非遥不可及：只要中国 GDP 增长速度在未来 10 年保持 5.5%，接下来的 10 年保持 4%，在最后的 13 年保持 3%，以上所描述的发展目标将得以实现。

这里我们的假设是世界发达国家的 GDP 平均增长速度为 2%，这也是过去 20 年里发达国家的 GDP 平均增速。当前，国际上大部分经济学家认为，未来一段时间，发达国家的增长速度将会放缓，其原因是人口老龄化和科技进步增速放缓，而后者被认为是根本性的原因：他们认为，过去 50 年生命科学技术的发展给人们生活带来了巨大的变化，汽车从无到有，住房从小到大……这些变化都是实质性的，未来几十年的变化将是局部性的，在已有的基础上进行升级。总之，发达国家未来二三十年的增长速度一般被认为不会超过过去二十年的增速。

实现中国发展的宏伟目标必须付出艰苦努力

要想实现各个发展目标，必须付出艰苦卓绝的努力。

第一，必须发挥大国发展的优势，把解决发展不平衡转变为发掘增长的动力。当前，发展不平衡是中国经济突出的问题。这种不平衡表现在许多方面，尤其表现为区域间和城乡间的发展不平衡。这种不平衡，完全可以通过政策和体制的改革转变为增长的动力。比如说，江苏省与安徽省相比邻，而江苏省的人均收入水平居于全国各省前列，是安徽省的两倍，安徽省正在全速赶超，这种赶超和人均收入差距的收敛恰恰是增长的动力。

第二，必须持续改善劳动力素质和人口素质。未来的经济是国与国劳动力素质和能力的竞争，谁的劳动力水平高，谁将获得更多的就业机会和高水平的生活。未来的社会也将是机器与人的竞争，机器将大规模地代替简单的劳动，而复杂的劳动比如说看护老年人和各种各样的社会服务，机器就很难取代——这种服务必须由水平日益提高的劳动者来提供。当前中国大学毛入学率已经达到 48.1%，相对而言，高中教育急需普及。未来的劳动力必须有一定的人文素养，在进入服务业时，才能肩负起应对老年社会的挑战，不会被简单的机器所代替，显然，这是中国未来需要不断提高的。同时也需要指出，劳动力素质的提高也是有效劳动供给的提高，而这恰恰可以用来解决人口红利缩小带来的挑战。

第三，必须应对人口老龄化的负担。人口正在迅速地老龄化，这是中国发展的特点。要想有效应对老龄化，应当推出"社会养老"和"家庭养老"相结合的中国特色的解决方案。纯粹依赖社会养老，社会成本将居高不下，美国 2017 年就有 18% 的 GDP 用于医疗开销；完全依赖家庭养老，随着社会变迁也不现实，因此需要探索中国特色的养老体系。

第四，必须严防系统性、区域性金融风险的发生。从历史经验，尤其是拉美国家的历史经验看，这种风险是对经济发展进程最强烈的冲击。一场金融危机带来的可能是十几年甚至二十几年的发展倒退，而中国金融体系在当下不可否认地蕴含着可能诱发系统性风险的因素。例如，中国的货币存量占 GDP 的比重全球最高，巨大的流动性形成的"堰塞湖"随时可能在国际因素的驱动下演变为巨大的不稳定因素，这一问题需要系统性的解决方案。目前来看，中国金融系统已经进入调整阶段，广义货币存量增速与名义 GDP 增速基本持平，这是一个极好的发展态势。未来若干年还必须继续艰苦努力，持续下调广义货币存量增速，同时提高包括债券在内的直接融资比重，通过债市、股市的发展，减少中国经济对银行贷款及其导致的广义货币存量的依赖。

总之，经过艰苦的努力，中国经济有望实现党的十九大报告所描绘的美好蓝图。中国将成为未来几十年世界经济发展的火车头，乃至世界各国经济发展的榜样。

2. 金融与房地产

中国金融发展大脉络

　　自 1997 年亚洲金融危机爆发以来，中央每五年召开一次全国金融工作会议，每次均带来金融格局的重要变化。2017 年全国金融工作会议有哪些最值得关注的要点？从中我们能否看出未来五年中国金融发展的大脉络？

防控金融风险是未来五年金融工作重中之重

　　2017 年全国金融工作会议最突出的一点就是反复强调防控金融风险，把防控金融风险提到了一个从未有的高度。围绕防控风险，全国金融工作会议提出金融要回归本质，即要为实体经济服务，而不可自我循环。

为了防控风险，2017 年全国金融工作会议也提出必须加强监管，具体的措施是建立一个全国性的金融稳定发展委员会，稳定就是要防控风险，发展就是要为实体经济的发展服务。

我预计金融稳定发展委员会将是一个行政级别和权威度明显高于"一行三会"中任何一家机构的实际执行机构，而不仅仅是一个议事机构或者协调机构。因此，我们可以预测，金融监管的力度在未来五年将提到一个从未有的高度。

为实体经济服务，控制金融风险，加强金融监管，这一切都离不开改革。因此，改革也很自然地成为这次全国金融工作会议的一个关键词——用改革的办法来促使金融体系为实体经济服务，防控金融风险，加强金融监管。

当前中国金融业发展的三大"超前"

为什么 2017 年全国金融工作会议把防控金融风险作为重中之重？我的理解是，当前中国金融业的问题可以用三大"超前"来总结。

第一个"超前"发展是金融体系的流动性超过了实体经济的实际需要。2008 年国际金融危机爆发以来，中国经济的流动性不断攀升，按广义货币计算，现在已经约为实体经济的 200%，不管是看绝对量还是看相对 GDP 的比重，都处于全球第一。这一情况蕴含着巨大的风险。实际上，笔者多次指出，这是中国经济最大的"堰塞湖"。

有人讲金融体系既要避免"黑天鹅"，又要提防"灰犀牛"，中国金融体系最大的"灰犀牛"，就是流动性严重超前于实体经济的需要。在发达经济体中，金融资产的存量，尤其是固定收益的金融资产存量并不低于中国，但是它们的结构与中国不同。中国经济中流动性金融资产，即银行存款加货币的存量，远远高于债券的存量（两倍以上），而美国等发达经济体却相反。这就为中国的金融稳定埋下了隐患。

第二个"超前"发展是部分金融服务超前于实体经济的发展。这主要体现为大量的金融交易都是自我循环、自娱自乐的。例如银行之间的拆借十分活跃，银行间大量的理财产品，其背后的支撑其实是银行间的相互拆借。非银行机构与银行机构之间也有大量的、正常业务之外的同业拆借。保险业资金在前一段时间也是过多地流入了股市等领域。这种自我循环式的发展表现为金融行业所产生的附加值虚高，在 2016 年曾经高达 GDP 的 9% 左右，已经接近甚至超过了发达经济体金融服务业的附加值水平。

第三个"超前"发展是整个金融市场的发展超前于监管体系和法律体制的约束力。金融市场与其他市场的不同之处在于，金融市场交易复杂，跨时区跨地域，参与人群极其庞杂，易于引发社会群体情绪波动，因此，金融交易必须要有强有力的监管。而且仅仅强有力的监管并不够，还必须要有法制的力量介入，因为对于严重违规的惩戒，监管部门远不如司法部门有力度。监管部门的惩戒局限于罚款、限制或者禁止相关违规人员参与金融交易，却达不到限制相关人员人身自由、强力执行的力度。

中国金融市场的监管延续了过去十几年来分业监管的格局，而司法部门对于金融行业的了解又非常不够，其专业知识和技能远远跟不上金融部门交易的复杂性，因此金融司法基本上是个空缺。笔者作为全国政协委员，过去十年以来反复提出建议，在上海或者深圳建立高级证券检察院和高级证券法院，仍在不断奔走呼吁。

未来五年中国金融发展的大脉络

根据以上分析，落实 2017 年全国金融工作会议精神，很有可能带来未来五年中国金融业发展五大走势。

第一，货币存量增速有望逐步下行，而低于名义 GDP 增速。货币存量增速相对 GDP 增速的下降，是化解系统性金融风险的根本要求，也是这次全国金融工作会议的基本精神。2017 年上半年以来，由于加强了银行间以及金融机构之间的拆借管理，银行体系创造货币的速度放缓，出现了多年以来久违的广义货币增速低于名义 GDP 的良好局面。这一格局在未来五年有可能继续发展，其结果是银行间拆借的活跃度会持续下降，资金紧密运行的态势将会持续存在。这对中国金融业发展并不是坏事，会促使各金融机构更加精准地调控自身的资金需求，提高资金管理的水平，更会带来一大批中小银行的合并重组。

第二，多元化的小型金融机构将会蓬勃发展。小微企业、创新企业只能由创新型的小型金融机构来对接。这些蓬勃发展的小型金融机构，完全有可能纳入政府"大监管"范畴之内。金融回归服务实体经济的初衷，就要求多元化的金融服务，所以，未来五年贷款保险、小型贷款、消费金融乃至基于互联网交易大数据提供金融服务的机构将会蓬勃发展，相关的监管条例也会逐步跟进，这是加强金融为实体经济服务最具体和重要的措施。

第三，金融服务对外开放的步伐将加快。这是指中国的商业银行、证券公司和保险公司等将进一步对外开放。中国 15 年前加入WTO 时所担心的外资银行和证券公司蚕食本土金融机构的局面不但没有发生，最近一个时期以来，中国本土金融服务业更获得长足发展，显现出自身的创新能力。而今，中国的金融业更有底气和理由对外开放。通过对外开放，能够更好地学习国外风险控制的最佳实践，同时通过金融业对外开放，也可以化解国际上尤其是跨国公司对中国经济开放逆转的质疑。

第四，人民币国际化将会稳健性放缓。人民币国际化，本质上要求跨境资本流动逐步开放。当前中国金融市场监管并不到位，流动性相对仍然非常充足，因此，靠简单的放开跨境资本流动的办法推动人民币国际化蕴含着巨大的风险。从这次全国金融工作会议精神来看，人民币国际化要让位于以金融为实体经济服务的要求，也要让位于控制整体金融风险的需要。人民币国际化一旦进程过快，将会引发国际投资者对于中国经济一些不切实的看法，将会直接把国外的金融波动引入中国金融市场。因此，我认为未来五年人民币国际化将会更加强调稳健而非速度。

第五，金融资产价格将会出现结构性调整。由于整体上未来五年要控制金融风险，低风险金融产品的价格将会上扬，而高风险的金融产品的价格将会下降。例如国债的收益率将有可能下行，高风险债券的企业和地方债的收益率将会提高。又例如，大型蓝筹股以及业绩稳健的上市企业的股价可能稳步上升，而那些风险较高的中小型企业的股票可能面临价格适度下行的调整。本质上讲，中国经济强调整体金融稳定性，投资者对风险溢价会调整。因此，总体上讲，未来五年中国金融市场将会出现结构性调整，对低风险金融资产而言是牛市，对高风险金融资产而言是熊市。

总之，这次全国金融工作会议蕴含着非常重要的信息，必须仔细研读相关表述，更要仔细观察后续的落实情况，从中我们能看出未来一段时间中国金融发展的大脉络。

金融体制现代化是跨越高收入国家门槛的关键

党的十九大报告提出"两个一百年"的奋斗目标，2019年至2021年则是决胜"第一个一百年"征程的关键时期。如果能够深入推进金融体系的变革，促进实体经济转型升级，中国经济有望在建党一百年前后跨入世界银行定义的高收入国家行列。但是，2018年年中以来，中国经济出现了新一轮波动，突出体现为微观主体（尤其是民营中小微企业）信心不足和实际GDP增速稳中趋缓。展望未来三年的经济发展，应当精确判断形势并做出调整。

本轮调整原因何在？

我们认为，这一轮经济调整的主要原因是金融过快收缩引发下行压力和投资者忧虑。2017年第四季度至2018年年底，"资管新规"等政策大幅度抑制委托贷款、信托贷款融资，致使新增社会融资断崖式下跌。金融收紧一方面导致基建投资快速下滑，另一方面导致中小微企业融资困难，进而给宏观经济总体造成负面冲击。更重要的是，金融收紧、中美贸易摩擦等因素叠加，使得中国经济在金融领域的深层次问题暴露出来。例如，投资的融资渠道不合理，挤占银行信贷资源；不良金融资产处置缓慢，大量金融资源流向低效益但难破产的企业；央行降低的短期利率难于导致企业贷款利率下降，因此传统货币政策带给微观企业的获得感不强等。这些问题都与金融有着密切的联系。

金融是实体经济的血液，机体如果没有血液就无法正常运转。2017 年年末开始的严厉的金融收紧在事实上抑制了经济自身企稳增长的态势。与以往单纯的总量控制不同，本轮金融收紧是结构性的，以严厉控制委托贷款、信托贷款等"非正规"融资为主要措施，出台"资管新规"，强制"影子银行"急刹车。

人民币贷款等其他融资渠道并没有填补"影子银行"通道留下的缺口，这造成了 2018 年的新增社会融资的快速下滑。尽管 7 月底中共中央政治局会议释放了稳增长的信号，但新增社会融资规模在 2018 年下半年各月仍未高于 2017 年同期水平。

诚然，"影子银行"融资中包含着监管套利、逃避监管的部分，对其进行约束、管理也是合理的。但一方面，很多"影子银行"融资的初衷是绕开监管，这部分资产回表存在制度障碍；另一方面，"影子银行"资产"回表"将降低银行等机构的资本充足率、拨备率等考核指标，这将传到给非金融企业，导致其融资成本增加。

由于中国金融体制的特殊性，国有企业，尤其是与政府关系紧密的融资平台仍被视为拥有隐性担保的债务主体，因而一旦出现金融收紧，民营企业所受冲击往往更加剧烈。这好比一个有深水区和浅水区的游泳池，当注满水时，所有区域都有充足的水源，可一旦开始排水，哪怕是在深水区开排水口，也一定是浅水区先缺水。想要为深水区排水，应想方设法把泳池底填平，也就是要从隐性担保、基建投融资结构等深层次出发进行改革，不能简单地"抽水"治理。

以全面推进金融体制现代化为抓手，推动实体经济转型升级

经历了 40 年的高速增长，中国经济已经进入新的发展阶段，对金融体系提出了更高的要求。未来数年，中国应抓住机会全面推进金融体制现代化建设，深刻变革金融体系，而非简单地进行总量调整。具体而言，以下五方面的工作亟待解决。

第一，推进基础设施建设投融资体制现代化。过去数年，中国的基础设施建设高速发展，对经济起到了重要拉动作用。然而，也有批评认为中国的基建已经饱和，不宜进一步投资。基建的合适水平跟一个国家的经济发展程度、人口密度、地理结构、产业结构等关系密切，精确估算测算一个国家合理的基建水平是困难的。作为一个参考，我们分析了机场、铁路、油气管道、公路四种基础设施的总量、面积密度和人均密度，并将其与美、德、日等发达国家进行比较，发现中国的基础设施建设仍然具有一定的潜力。

首先，中国机场数量仍然较少。中国有水泥跑道的区域性中小机场数量不仅在考虑人口与国土面积后远小于美国、德国与日本，即便在总量上也远低于德国，远小于美国。其次，考虑国土面积因素后，中国的铁路、公路里程也落后于德国、日本，远远落后于美国，即便考虑地形因素这一差距也依然明显。最后，中国的油气管道总量是美国的近 1/20，考虑人口因素的管道密度远低于德国，考虑面积因素的管道密度则远低于日本。尽管简单的总量与人口、面积计算忽略了许多因素，但的确说明中国的基础设施建设仍有空间。另一个需要考虑

的因素是，由于涉及土地规划、空间集聚等效应，基础设施建设应当适度超前于其他经济组分的发展。例如，地铁的施工就应适度领先于其他城市建设，否则会受到房屋地基、震动干扰等条件的制约。

同时，基础设施建设中包含大量"公共消费"项目。城市绿化带的建设与维护，东北地区冬季除雪除冰设备的改善升级，跨区域的防风防沙林带建设等都具有这个属性。由于具有公共品特征，这些服务很难进行市场化供给，无法确定市场价格。但是，百姓对这些公共消费的需求必然随着其收入的增加而增加。从这个角度看，中国经济发展到当前阶段，适度进行基础设施建设是必要的，也是恰当的。

发挥基础设施建设的潜力，需要对中国的基础设施投融资体制进行彻底变革。为此，可以成立全国性的基础设施投资公司，对地方政府的基建项目的规划、可行性分析等做统一管理，把基建融资从商业银行的信贷体系中切割出去。

第二，建立金融体系内部高效处置不良金融资产的相关机制，推动金融资产与实体资产同步重组，促进实体经济转型升级，提高产业集中高度。根据不同研究团队的测算，中国规模以上工业企业中"僵尸"企业占比7%—10%。这些"僵尸"企业占用了大量信贷资源，应破产或重整。然而在中国，企业破产重整却道阻且长。整理全国破产重整信息网信息可知，截至2018年年底被申请破产重整的国有企业共有297家，这一数量仅占国资委2016年公布的2041户"僵尸"企业的14.6%，其中大型国企更少之又少。中国政法大学破产法与企业重组研究中心主任李曙光称，中国适用破产程序案件的数量不足美国的0.2%、西欧国家的1.16%。更重要的是，中国部分行业正面临着深刻调整，转型升级必将要求这些行业提高集中度，这意味着一大批企业的退出，或被兼并重组，或进行破产清算。这给化解问题金融资产提出了更高的要求。中国的金融体系必须做好准备，动员资产管理公司等专业机构消化风险与不良资产。同时，应下决心帮助"僵尸"企业破产或重整，不能任其债务无限展期、越滚越大，无限制地消耗金融资源。具体而言，应鼓励银行利用现有拨备消化不良贷款、核销坏账；应综合利用财政、社保等政策解决员工下岗再就业问题；应加快法院破产重整案件的审理进度，强化司法跨区域执行。

第三，大力发展债券市场，使之成为最重要的直接融资渠道。与股票相比，债券的发行、定价更加透明、清晰，债券违约及其后果在法律层面更容易被界定。更重要的是，由于存在明确的还款与利息支付时间，债券融资要求企业承担更多风险与责任。从国际经验看，德国等发达经济体债券市场的体量也超过股票市场，能够为我们提供有益借鉴。当前债券市场的发展可以从以下几个方面发力：一是打破银行间市场与交易所市场的分割，建立统一的债券市场，为个人投资者提供直接参与债券市场提供畅通渠道；二是理顺产品种类，逐步改变"一个监管机构一个品种"的行政化思维；三是合理处置违约事件，使得投资者承担应有的投资风险，同时加速破产重整的过程。

第四，推动股票市场的法治建设，夯实法治基础。从美国、英国等股市发展成功国家的经验看，股票市场的健康发展依赖于众多制度条件，不能急于求成、一放了之。当前中国股票市场发展的关键是夯实法治基础，应培养专业的机构、人才执行资本市场的司法程序。当前，股市监管主要靠中国证监会，而中国证监会缺乏侦查和司法能力和权力，每个案件顶格罚款额度目前不到 100 万元，远远低于规范股市发展的要求。2018 年 8 月上海金融法院正式揭牌，迈出了金融司法专业化的重要一步。但是，仅仅有法院是不够的，还应该建立证券检察院并与公安机关经侦部门密切配合，专业化地对资本市场案件进行调查。同时，应加大执法力度，增加处罚的威慑力。

第五，建立金融风险监测与响应机制，及时识别重大金融风险并积极应对。经历 40 年的发展，中国金融体系的体量大幅度增加，复杂度也显著上升，因此，亟须建立跨部门、跨市场的金融风险监测与响应机制，对信贷、资管、证券、汇率等进行统一的风险监测，并在发生重大事件时积极应对。

在未来数年，这一机制应着重关注金融市场流动性总体水平与经常账户逆差风险。2018 年，央行通过定向降准、逆回购、中期借贷便利（MLF）等各种政策工具维持了短期货币资金市场价格的基本稳定。在 2019 年年中，应在此基础上更加注重长期资金市场价格的变化，打通短期与长期、无风险与有风险资金市场价格的传导机制。2018 年人民币汇率经历了先升值后贬值的波动，全年平均汇率 6.61，维持了基本稳定。然而，2019 年外汇市场仍然面临一定压力。随着贸易摩擦对出口的影响在一定程度上使得汇率承压。同时，2019 年美国等发达经济体增速放缓及金融市场估值调整等风险，投资者避险情绪逐步积累，一旦国际金融市场出现波动，人民币汇率也将承压。

经常账户的逆差风险尤其值得关注。2018 年中国的货物贸易仍然为顺差，但由于服务贸易逆差较大，2018 年的前三季度中国经常性账户出现 55 亿美元的逆差。2019 年的逆差风险将显著放大。回归分析预测 2019 年全年服务贸易逆差约为 3100 亿美元，若货物贸易顺差按 2018 年的速度收窄（同比增速 –16%），则全年将出现经常账户逆差。由于汇率与资本流动受预期的影响十分强烈，一旦出现经常账户逆差，很可能引发投资者情绪波动，造成较大的外流压力。因此，国际收支仍需谨慎管理。

经过仔细测算，我们认为，从现在开始到 2021 年是中国经济由"中等收入"迈向"高收入"的重要阶段。如果能够深入推进金融体系的变革，促进实体经济转型升级，在未来三年保持年均 6.3% 左右的实际经济增速且保持汇率的基本稳定，则中国有望在建党一百年前后跨入世界银行定义的高收入国家行列（根据世界银行 2019 年的最新标准，高收入国家的收入下限为人均国民总收入 GNI 达到 12056 美元），为全面开启实现社会主义现代化国家新征程打下坚实基础。

稳经济的"牛鼻子"是金融结构大调整

　　2018 年年中开始，中国经济形势发生变化，呈现稳中有变、稳中向下的态势。那么，当前导致经济变化的问题到底出在哪里？其中哪些是长期问题，需要通过机制调整等中长效措施解决；哪些问题通过一系列举措短期内就可以见效，从而快速稳定经济？必须要把准脉后，对症下药。

金融危机后宏观波动的第五阶段

　　2008 年国际金融危机爆发以来，中国宏观经济经历了四个波动期，现在已经进入到第五个阶段。第一个阶段是 2008 年到 2009 年年中，经济受到外部环境拖累，出现了短暂的下滑；第二个阶段是 2009 年年中到 2011 年，经济下滑态势从 2009 年下半年开始逆转，出现"V"形反弹；第三个阶段是 2012 年到 2016 年，经济增速再次下滑；自 2016 年下半年到 2018 年年中达到了第四个周期，就是经济相对企稳向好，全球经济也在 2016 年、2017 年实现了近年少有的全面恢复。但是自 2018 年年中开始，中国的宏观经济又进入第五个发展阶段，那就是稳中有变，稳中向下。

一般认为，当前中国经济下行的压力主要在于拉动经济的"三驾马车"动力不足。第一是外需的疲软，由于中美贸易摩擦还没有全面缓解的迹象，因此外需受到了直接影响，尤其是 2019 年上半年中国的出口数据很大程度上会出现比较明显的下降，因为 2018 年的出口是提前完成的。第二是消费的下行，零售的增速在 2018 年下半年已经开始放缓。第三是投资的低迷，一般分析认为 2018 年固定资产投资的增速在 5.8% 左右，其中基础设施投资增速仅有 3.7%，这些都远低于 GDP 增长速度。

同时，企业投资的积极性不足也是影响投资的一个重要因素，而这背后更折射了中国经济一些亟待解决的长期问题。

三大深层次问题

中国经济的长期问题主要体现在以下几个方面。

第一个问题是大量的产业面临着整合、转型和升级。当前中国大量的产业都处于产能过剩的状态，这并不奇怪，经历了 40 年的快速增长，中国的产业组织结构极其分散。以汽车行业为例，目前中国有上百家汽车生产厂，生产能力是显著过剩的，而一个成熟市场经济国家的汽车生产厂一般不超过 5 家。这种现象几乎在所有的产业中都有体现，所以中国的产业亟须一个不断集聚的过程，这个过程就意味着一定数量的企业（尤其是中小型企业）将面临破产退出、兼并重组。

因此，不能把当前民营经济的所有问题都推给缺乏公平的竞争环境、对私营经济的产权保护不力、融资难、融资贵等浅层次的问题，根本的问题也包括产业集中度不高带来的规模效应缺乏、低水平过度竞争等问题，很多企业必须做好重组转型的准备，民营企业家面临着二次创业或者退出退休的艰难选择。

第二个深层次问题是地方政府发展经济的激励不足。导致这种变化的原因非常多，直接原因是现在地方政府的考核已经不再简单地聚焦经济发展，而是变得更加综合、复杂，政府发展经济的激励与以往相比明显下降。同时，最近几年推行的"营改增"、地税国税合并等政策事实上减少了地方政府从本地经济发展中直接获得的税收留成比例，这也降低了地方政府帮助本地企业发展的经济激励。种种原因所导致的地方政府懒政怠政、不关心企业发展的问题，必须从根本上得到解决。地方政府也是参与经济活动的重要主体，也面临着激励的问题，目前对其的政治激励和经济激励都需要进一步加强。

第三个深层次问题是国有经济亟须通过改革重新定位。当下的国有企业和几十年前完全不可同日而语。当前的国有企业，一部分是比较传统的企业，如格力电器、海螺水泥、东北制药；还有一部分是超大型的企业，如宝武钢。除此之外，还有一类是近几年兴起的地方政府融资平台，这些平台公司不一定具体经营特定实业，其主要功能是投资和融资，最终的投资对象是与地方相关的基础设施项目。这些企业在相当程度上占用了宝贵的金融资源，但其投资效率有待观察。新时代的国有经济必须重新定位，需要从理论上回答为什么需要国有经济，国有经济的定位与民营经济有什么不同，在此基础之上深化改革。

面对这些中长期的问题，必须从进一步深化改革入手寻求突破。简政放权、减税、国有企业改革等毫无疑问是非常重要的，且已备受各界关注。特别值得强调的是，地方政府发展经济的政治激励与经济激励亟待加强，而目前我们对这一点的认识远不到位。没有地方政府的积极性，中央政府的很多政策就难以落地，企业发展，包括民营企业发展，面临的许多问题也不可能得到高效解决。经济运行极为复杂，很多问题不是政府简单的一"简"一"放"就能解决的。企业发展面临的许多问题，从劳动用工到各种各样的市场准入，短期内不可能一蹴而就、改革到位，即便在发达国家，企业创办和发展也面临重重监管和政府许可。当下最需要的是，与企业直接发生关系的地方政府应站在企业的角度，积极地帮助企业创立和发展，解决和克服其发展中的体制机制问题，探索切实可行的长效机制。

不过，改革的深化，长期问题的解决，虽然收益深远，却绝非一朝一夕之功。相比之下，当前中国经济领域最应该推进，且短期内可以取得显著成效的，是金融改革。

短期稳经济的"牛鼻子"是稳金融

我们必须看到，影响当前中国经济运行的主要问题不是出口，不是消费，也不是企业投资的积极性——最直接的问题，从短期来看，就是金融方面的问题。

目前,出口仅仅占到中国 GDP 的 15% 左右,而对美国的出口仅仅占到 GDP 的 3.5%,如果计算对美出口中真正来自中国本身的附加值则只有 2% 左右,所以我们可以说,中美贸易摩擦直接影响的仅仅是中国 GDP 的 2%。消费的下行,从短期来看最主要是汽车销售下降,其主要原因是消费者预期 2019 年会有减税政策出台,选择持币待购。从总体上讲,消费是稳定的。而投资的问题,主要瓶颈在于融资受限,其中基础设施投资领域的融资受限问题尤为突出。这一领域的融资主要来自银行信贷和债券发行,2018 年银行信贷收紧、地方政府专项债发行迟缓,金融体系整体的收缩直接影响了地方政府的基础建设投资。

事实上,随着中国金融体系的快速发育,产业和金融的深度融合,资产证券化程度的不断提高,金融对经济的影响已经与日俱增。当前,中国金融资产相对 GDP 的比重已经高达 400%,也就是说,金融资产已经达到 GDP 的 4 倍之多。而 6 年前,这一比重只有 300%,10 年前这一比重也还不到 200%。正是由于金融资产的体量和以前大不一样,因此,金融市场的波动已经成为导致经济波动的一个重要原因。这在 2018 年的市场上已有明显的反映。而且,随着中国金融市场日益接轨国际,其与境外市场的共振增加,更加剧了国内经济波动的频率。

所以说,要解决经济下行的问题,短期内最直接、最有效的抓手就是金融改革。而金融改革的一大要点,则是金融结构的改革。

稳金融的"牛鼻子"是金融结构大调整

总体来看，金融结构调整要做好四件事。

第一，我们要把所有地方政府基础设施建设的债务融资，包括公开债务和隐性债务，干净彻底地从银行体系中"剥离"出来，转移到债券市场，主要原因是地方政府的投资项目大部分都是长期性、低回报的，不符合商业银行业务定位，更重要的是需要商业银行更具有权威性的机构监督和约束地方政府的投资和融资活动。为了实现这一点，最优策略是成立一家全国性的基础设施投资公司，统一管理基础设施建设项目的融资，全面负责可行性分析、债券具体发行、地方政府债务规模控制等各类事务。据相关测算，当前包括隐性债务在内的地方债占 GDP 的比重，已经达到了 40% 甚至更高的水平。如此庞大的债务多用于支持地方基建项目等长期资产，故而需要一个长期融资渠道。根据我们的测算，当前，每年大约 15% 的银行贷款被用于填补地方政府隐性债务。如果我们能够把这部分债务从银行体系剔除，对于整个企业部门，尤其是民营企业而言，将是一个重大利好。

第二，金融机构需要精准、主动地去杠杆。可以要求各金融机构把已经上报的呆账、坏账定期核销，比如每年核销 1/3，3 年之内全部核销，从而及时处置不良资产，有效管控风险，为此，可以给予金融机构相关的财税配套政策支持。

第三，需要重点发展企业债券市场，债券应该成为企业直接融资的主要工具。相对于股票市场，债券市场给予投资者的回报相对更有保证，对企业约束力也更强，对公司治理质量和信息透明度的要求显然更低。在中国目前法制不够健全、公司治理质量不尽如人意的情况下，债券融资应该是发展重点。进一步地，债券融资应该尽快打通交易所市场、银行间市场和柜台交易市场，并在增强机构投资者力量的同时，吸引普通股民从股票投资转向债券投资。

第四，对于股票市场，亟须大大加强股市基础性制度建设，尤其是法制建设，彻底加强针对股市违规、违法行为的侦查、起诉和司法判决的力度。当前股市的最大问题就是公司治理质量缺乏制度层面的有效保障，导致公司违规行为（包括虚假信息、利益输送、内幕交易等）层出不穷且惩处不力。证监系统分支机构仅仅达到省一级，没有下沉到市县，而银保监系统已经形成了"省—市—县"三级架构。证券相关的违法违规行为往往很难得到应有的惩处，在行政处罚方面，证监会顶格罚款只有 60 万元，而在刑事判决方面目前最高纪录就是 13 年有期徒刑。这一处罚力度远远低于美国等发达国家，后者超过 10 年的判罚并不罕见，甚至不乏终身监禁。所以，我们必须大力加强对股市违法违规行为的侦查、起诉、判决以及执行的力度，强化公安部证券犯罪侦查局等机构的办案能力，增设专业的证券法院和检察院，增强证监系统的监管能力。

以上几个措施多管齐下，既能够治标，也能够治本，使得中国经济的增长潜力进一步有效发挥。经过两三年的艰苦调整，中国经济有望恢复到健康的增长态势。

金融供给侧，怎么改？痛点即是改革点

随着实体经济供给侧结构性改革的不断推进，当前摆在中国经济改革日程上一个越来越突出的重大任务是金融供给侧结构性改革。金融供给侧结构性改革，说到底是要改变金融体系为实体经济提供融资的方式。其重要性毋庸置疑，因为金融供给侧直接影响着实体经济的结构调整，包括新企业的进入以及产能过剩的旧企业的退出。那么，金融供给侧结构性改革的重点抓手是什么呢？当然应该是从经济运行的痛点入手。总体而言，当前经济有六大痛点，这些痛点即是改革点。

痛点一：基础设施建设的融资方式

目前，基础设施建设投资已经占到我国固定资产投资总额的1/5以上，大约为整个 GDP 的 8%。基础设施建设是这一轮中国经济的一个重要增长点，同时也是当前提升中国经济和百姓生活质量的一个抓手。为什么这么说？目前家庭中电视机、电冰箱等家用电器的存量逐步达到阶段性的饱和，汽车消费的增长已经放缓，当然如果城镇化进一步加快，这些需求还有潜力，但目前制约很多家庭生活质量提高的因素已经不再是普通消费品或者耐用消费品的存量，而是公共产品的供给——包括清洁的水、清洁的空气、便利的公共交通、郊野公园等等。这些公共产品的供给笼统地讲都属于基础设施投资的范畴，而为这类基础设施融资是中国经济最大的问题之一。

目前我国基础设施的规划、建设主体是地方政府，痛点非常突出。他们主要通过三大渠道融资：其一是间接通过银行提供，也就是通过很多政府和社会资本合作（PPP）项目；其二是通过发行基础设施投资债，这是由中央审批发债总额，各个地方政府分别申请额度，规模相对不大；其三是通过信托等非银行金融机构。这些现有投资机构没有一个能够对地方政府这个规划、投资主体形成有效约束。因此，地方政府通常都有过度投资基础设施、乱融资的冲动。这就形成了地方政府债务过高及债务不透明等问题。目前解决这一问题主要是靠上级政府运动式、"一刀切"的监督，导致基建投资忽高忽低，包括 2018 年的基建投资实际零增长，拖累 GDP 增长至少 0.2%。这就是当前中国经济的第一大痛点。

解决基础设施建设痛点的改革，方向非常明确，那就是要形成一个相对比较统一的、专门为地方政府基础设施投资进行融资的机构，该机构必须有效对冲地方政府行为。这个融资机构要对地方政府的负债及其基建项目进行有效的管理，而最理想的方式就是改造现有的国家开发银行，让它全面负担起大部分地方基础设施投资的项目评估、融资以及收回款等工作。但是目前看来，国家开发银行的资金规模和经营能力还不能满足这一要求，因此需要设计新的供给机制，比如说建设一个或若干个彼此独立、可比的、类似于世界银行的基础设施开发投资机构，其明确的使命就是有效管理地方政府的基础设施投资项目及融资。

痛点二：债券融资

当前中国经济的主要融资渠道还是商业银行，而银行作为一种极为特殊的金融机构有其局限性。商业银行的最大特点是资金来源于散户，而散户有极大的流动性。这就要求商业银行投资必须慎而又慎——这个要求是极为合理的，因此，我们看到银行投资均是极其谨慎的：在企业与地方政府之间，它更愿意给地方政府投资；在大企业和小企业之间，它更愿意给大企业投资；在短期项目和长期项目之间，它更愿意给短期项目投资……这是商业银行机制设计天生的缺陷。为了解决这个问题，最重要的一条就是要充分扩大债券融资的渠道。在美国和欧洲等现代市场经济国家，债券都是最大的融资渠道，与之相比，中国目前债券融资的规模仍有巨大的发展潜力。当前影响债券融资的最主要问题是，债券融资集中于银行间市场，2018 年这一比例约占 87%，而不是直接面对个体投资者。应该把债券市场从银行间交易直接转向公开交易，或者交给交易所交易，抑或是让银行间的债券交易完全打开，面向单个投资者。可以这么说，什么时候中国投资者的兴奋点从股市转向了债券投资，中国直接融资的基本渠道也就打开了，金融供给侧结构性改革最难的堡垒也就攻下来了。

痛点三：股市的基本司法制度

搞好股市，基础必须筑牢，就好比中国足球必须从娃娃打基础一样。股市运行良好的基础是法治。当前我国股市法治框架非常不完善，违规主要是由中国证券监督管理委员会（证监会）来负责监察处理的。而证监会的权力相对有限，一般地级市并没有证监会的下属机构，因此大量违规现象得不到处置。更为根本的是，证监会本质上是一个监督而非执法机构，缺乏强制力，且罚款额度极其有限，顶格也就区区 60 万元！① 在这种情况下，中国股市的合规情况堪忧，各种造假、内幕交易和违规操作等屡屡发生，而相关人员得不到有力的惩罚。当今世界股市经营较好的国家都有极为严格的法治基础，比如美国在 20 世纪 80 年代股市的法治风波极大地肃清了美股的各种违规现象。中国现在不仅需要在上海或深圳设立证券法

① 从问题出发，我国的相关法律法规在不断地完善，2019 年 7 月 27 日，证监会新闻发言人在答记者问中表示："市场和投资者反映的法律规定处罚太轻、中介机构未勤勉尽责追究不到位等问题客观存在，我们正在会同有关方面，推动尽快修改完善《证券法》《刑法》有关规定，拟对发行人、上市公司及其控股股东、实际控制人信息披露虚假和会计师事务所、保荐人等中介机构未勤勉尽责等证券违法行为，大幅提高刑期上限和罚款、罚金数额标准，强化民事损害赔偿责任，实施失信联合惩戒，切实提高资本市场违法违规成本。"见《60 万顶格处罚将成历史！证监会出手了》，《中国基金报》2019 年 7 月 27 日。

院，也需要证券检察院甚至公安部门的证券侦查局，针对上市公司实现跨地区、全面的监管，并急需认真抓几个典型案子以警示全体股市参与者。

痛点四：天使投资

中国当前私募股权基金的总量极多，投资者对于私募股权投资的热情极高，但是风险投资基金和天使基金却相当缺乏，其规模约为私募股权基金总规模的 1/10，而创业企业最开始特别缺乏融资与辅导。在这方面应该出台相应的政策，比如能够用亏损的额度抵扣成功的利润，从而减少风险投资者的税务负担；再比如天使基金利润可以分摊到若干年计税，也可以允许这种风险投资基金面向社会发行，寻找长期的投资者，通过这种方式推动中国创新型企业的发展。

痛点五：破产机制

实体经济的新陈代谢，很大程度上取决于金融资产的新陈代谢，一系列不良资产必须化解。当前中国的一大利好消息是劳动力就业情况良好，失业问题并不严重。因此，实体经济退出的主要障碍是金融重组，所以要特别鼓励由银行等金融机构主导破产重组，打破地方政府的利益藩篱，通过金融业呆账坏账的处置反过来推动实体经济的新陈代谢。

痛点六：制造业利润相对偏低，金融支持不足

制造业不仅回报率低，而且风险甄别不易，因此金融资源往往愿意流向房地产以及地方政府主导的基础建设项目，而非制造业，这是一个长期存在的问题。金融必须改革创新，着手解决这一问题。一个切入点就是改造当前的信托行业，而不是强迫商业银行按一定比例或规模蛮干给制造业贷款。信托公司相比银行而言，有更灵活的投资机制，包括可以长期持有一些制造企业的股权。当前信托行业在资金方面最大的问题是不能发行长期债券，其资金来源和发行渠道相对较窄。如果能在资金方面放开债务发行，同时在资产方面放开股权投资的话，实体经济将会得到信托业更好的服务。应该以制造业中的装备制造业为突破口进行试点，对信托业进行大规模的改革。

当前，金融体系痛点不少也十分突出，金融供给侧结构性改革牵一发而动全身，已经成为中国经济改革的重要任务，其一旦能够取得突破，将会对中国实体经济的供给侧结构性改革起到重要的推动作用。

地方政府融资必须从银行系统切割出去

当前影响中国经济未来走势最主要的因素是什么？

当前大家所谈不多甚至忽略的是中国经济自身的一些问题，其中最主要的是中国金融系统和地方财政融资的问题，在我看来，这可能是目前影响中国经济走势的最关键因素。

金融问题症结在于地方政府挤占金融资源

中国金融系统出现了什么问题？从当前情况看，货币传导不畅，流动性不能顺利注入实体经济，显然是一大隐忧。

2018 年一个明显的表现是，大量的上市公司得不到贷款，股东需要拿自己的股权去质押融资。中国证券登记结算有限公司（中登公司）数据显示，截至 2018 年 11 月 30 日，A 股市场质押股数 6414.37亿股，约占总股本的 10%，质押股份市值合计 4.53 万亿元。相比早些时候，近几个月质押的股权数量增长，但市值减少，原因在于股价的持续下跌。而当股市下跌时，质押品价值下降，银行 / 券商等融资渠道会要求上市公司大股东补充保证金或者担保品，如果股价跌破警戒线，甚至会强行平仓——尽管这考验的是股东的现金流，但显然也会对上市公司的稳定和市值造成压力，并导致股价进一步震荡，有可能形成负面循环。

拥有融资便利的上市公司尚且如此，大量民营企业，尤其是中小企业，长期以来存在的贷款难、贷款贵问题进一步加剧就不奇怪了。

为什么企业融资难？2018年资本市场乃至整个社会诟病最多的就是监管部门用"一刀切"的方式去杠杆。这种简单粗暴地去杠杆政策类似于用减肥的方式饿死癌细胞，后果身体自身的免疫能力大幅下降，而癌细胞自身的成长却无法抗拒，最终的结果是整体的健康水平的恶化，这绝不是治疗癌症的好办法，精准的靶向治疗方法才是治疗癌症之本。如今的中国经济的金融体系的根本问题是必须去除大量的低质量金融资产，类似于癌细胞，靠减少贷款、控制社会融资总量的办法绝不是治本之策。必须靶向治疗，解决问题之本。

那么，大量企业融资不足，这一问题的症结到底在什么地方呢？

刨根问底，最根本的问题是中国金融和财政的体制性问题。当前中国的金融体系其实以银行信贷为主，而银行愿意投放的是低风险、有担保、利率高、单笔额度大的项目，这恰恰是与政府相关的各种贷款，银行贷款中有很多是地方政府相关的国有企业贷款，这些贷款的最终使用者是地方政府。在中国的政治体制下，地方政府是没有独立承担能力的——从本质上讲，地方政府是中央政府的全资子公司。银行体系非常清楚，贷款虽然发放给了地方国有企业，但实际上是地方政府使用且负有偿还义务，而地方政府是不会破产的（一旦发生问题，中央政府将不得不兜底），所以没有违约风险。另外，地方政府寻求贷款往往不计成本，且往往是短期行为，因为地方政府官员任期一般不超过 5 年，在这种情况下，地方政府官员的主要目标就是保证短期内本地的经济增长和金融稳定，因此，他们不惜依赖期限短、成本高的债务来扩大投资或者借新还旧。

地方政府的债务到底有多少？根据财政部公布的数据，截至2018 年年底，地方政府的直接债务余额约为 18.4 万亿元。除此之外，地方政府还有大量的隐性债务，其中很大部分是地方政府绕过上级政府的监管、通过各种形式借款而形成的。对地方政府的隐性债务，不同研究机构给出了不同的估计，一般说来是在 9 万亿元到 47 万亿元之间，其中比较集中的估计值是 30 万亿元左右。这 30 万亿元债务，归根结底来自银行体系。银行贷款主要是中短期，我们以 5 年期贷款计算，这 30 万亿元资金每 5 年就得循环一遍，每年会占用约 6 万亿元银行贷款额度。而银行体系每年新增贷款规模约 13.5 万亿—14 万亿元，加上收回移位再贷款约 25 万亿元，总共约 40 万亿元，这意味着，地方政府隐性债务的维持每年将占用银行信贷资源的 15%。对于银行而言，贷款给地方政府关联的机构和企业，是一个非常简单且交易成本低的贷款方式，但这也导致了资源的挤压，企业尤其是中小企业出现融资难、融资贵的问题。

"大手术"化解融资难，提升杠杆率透明度

那么，应该怎样解决这个问题？我认为，需要对中国的金融和财

政体系动一个"大手术"。这个手术有两个目的，一是要把地方的隐性债务从银行体系中切割出去，不能让地方政府的融资和再融资挤占宝贵的银行信贷资源；二是必须要对地方政府的借贷行为进行根本性的、行政手段和市场手段"双管齐下"的有效管理。

这个"大手术"的关键就是要成立一家全国性的基础设施投资公司。这家公司可以比照世界银行以及其他国际开发机构的运作方式，一方面，在中央政府的担保下，从资本市场上大规模、低成本融资，目前来看，十年期债务的年化利率在3.5%左右，远低于地方政府从市场上融资的利率；另一方面，也更重要的是，这家公司可以全面、专业地统一管理地方政府所有的基建性项目融资，即地方政府涉及基建项目的融资必须通过这家公司来借款。这家基础设施投资公司可以从国家发展改革委、财政部、审计署以及其他相关部门抽调职能人员，进行公司化运营，从而专业、全面、有效地审计各地方政府财政情况，估算其实际已经形成的固定资产规模，评估其还款能力，在此基础上形成整体、长期的判断。当前，国家开放银行部分起到了这个作用，但是，国开行规模已经高居世界开发金融机构第一，承担着各种开发性金融的重任，包括"一带一路"的融资，很难专注于监督管理国内地方政府融资的课题。

通过这种方式，可以大幅降低地方政府的融资成本。如果按照隐性债务规模30万亿元、地方政府单独融资的市场利率为7%计算，假设基础设施投资公司整体的融资成本为3.5%，则每年可以节省政府1万亿元的融资成本。更重要的是，这一设置将使得地方政府基建投资得到统一管理和制约，实现长期、稳定、高效的增长。

如果这个手术能够成功，银行的贷款资源将得到充分释放，整个企业界的融资情况会得到大规模的改善，上市公司的融资压力将得到缓解，中小企业融资难、融资贵的问题也将迎刃而解，中国的资本市场将从此走上一个比较健康的、可持续的发展道路。

另外，通过这种运作，中国经济的杠杆率也会更加透明。中国经济的杠杆率问题并不是简单的"高低"问题，关键是质量和透明度的问题。实际上，中国经济杠杆率本身并不算高，2018 年非金融部门负债约为 GDP 的 2.6 倍，与美国相近，低于日本的 3.6 倍，而中国的国民储蓄率是美国的 2 倍以上、日本的 1.5 倍左右。

总之，当前影响经济未来走势最主要的因素是中国经济体系自身的问题，尤其是金融领域的体制性问题。中国金融系统必须做出一个结构性的调整，而其中的关键，是要对中国金融做一个"大手术"。

结构性去杠杆应在宽松流动性下靶向治疗

2018 年上半年时，有不少观点认为，中国经济出现了需求侧的疲软，因此需要实施一定的稳增长的刺激性政策。

笔者不同意这一判断。我的观点是，中国宏观经济仍在回暖，经济自发增长的动力处于持续恢复之中，最核心的指标是民营经济的投资增速从 2017 年同期的 4%，回升到了 2018 年上半年的 8% 左右。同时，整个实体经济的利润在稳步回升，经济韧性和可持续性不断增强。

宏观经济的一些乱象，主要是"一刀切"去杠杆的政策带来的，因此，所有严重依赖外部融资的经济活动明显回落，银行表外业务，包括所谓的"影子银行"业务规模，与 2017 年同期相比下降了 2.1 万亿元，这直接导致基础设施投资增速由 2017 年同期的 19%，下降到 2018 年上半年的 9%。

更重要的是，"一刀切"的降杠杆措施在资本市场引发了一系列的连锁反应，包括许多上市公司股东往往以股票质押的方式来获得融资，但股价连续下跌引发爆仓危机；此外，目前不少债券难以发行，即便发出了，也会很快跌破发行价。2018 年年中，金融市场整体紧张，投资者情绪不稳。

应该说，影响 2018 年上半年经济走势最主要的因素并不是中国经济自身的活力下降，而在于政策面，结构性去杠杆政策落实不力、不准。

对结构性去杠杆的本质要重新认识

当前"一刀切"去杠杆的办法是不合理的。打个比方，这好比是癌症病人为了去除癌细胞，大规模减少营养摄入，希望通过节食的方式把癌细胞饿死。这种做法显然达不到目的，因为癌细胞的生命力往往比正常的细胞还要强，大量节食，坏细胞没饿死，好细胞却损伤了。在金融领域，没有外力干预的情况下，不良资产往往比正常的资产更容易得到贷款，因为债权方往往不愿意暴露问题，最喜欢以新债还旧债，贷新款还旧款。所以，在缺乏精准的靶向治疗的前提下，这种盲目的"一刀切"、靠节衣缩食减少贷款规模的办法、去杠杆的办法，所带来的是整体金融的过紧，而不是真正的杠杆率的下降。

要结构性去杠杆，必须对两个问题重新认识。

第一，中国经济的杠杆率总体上并不高，但问题在于结构不合理。一般认为，中国经济中的债务大约相当于 GDP 的 260%，这一总体杠杆比例与美国以及许多发达经济体基本一致，相比于日本 350% 的总体杠杆率明显是很低的。

一个经济体合理的杠杆率水平，取决于两个因素。其一是这个经济体自身的国民储蓄率的高低，如果国民储蓄率很高，比如中国或者日本，高达 35% 以上，那么，自然会有大量的储蓄要寻找投资方向，杠杆率也自然会提高一些。其二是取决于经济体的融资结构。如果经济体中的股权融资市场基础不牢固，就像当前的中国经济，包括股权市场的法律基础不完备，如缺乏专门的证券检察院和证券法院，在这种情况下，储蓄者的资金要么从非正式的渠道绕过金融中介机构投资给企业或家庭，要么以债券或银行贷款的方式直接转化为投资，因为债券和银行贷款比之于股权融资，对于违约破产的风险具有更加强硬的约束，而股权融资却很难有这样的明文规定，股权融资的资金使用者可以无期限地不给股东分红。在中国，在股票市场难以得到大力发展的前提下，给定同样的国民储蓄规模，杠杆率当然会高一点。

因此，中国经济 2018 年的杠杆率在 260% 左右，应该说并不高。问题在于，中国经济的杠杆结构不合理。这一方面表现在地方债务相对于中央债务过高，而地方债务又缺乏一个整体的约束机制。投资者对于地方债的质量比较难于把握。这隐含了金融的风险。另一方面，企业的债务相对而言比较高，需要进行调整，而企业债务较高最主要的问题体现在大量低质量的债务没有得到及时的调整。

笔者做过一个分析，中国规模以上工业企业中"僵尸"企业占比为 7%—10%，即使按 5% 测算，也有近 6 万亿元的不良资产需要重组。而金融系统处置不良资产的速度不尽如人意。根据 16 家上市银行的财务报表数据，尽管当前不良贷款的处置有所加快，但新增不良贷款的积累速度却在加快，两者相抵，2017 年不良贷款余额反而增加近 500 亿元。2018 年第一季度，银行不良贷款率回升 0.01%—1.75%。按照目前的重组速度，6 万亿元不良资产至少也需要 5 年时间才能够清理完成。

第二个认识就是，结构性去杠杆的关键是精准剔除不良资产。根据以上的分析，杠杆本身并不是问题，问题在于要通过去杠杆的精准施策来消除不良债务。

精准落实结构性去杠杆的三要义

而基于以上的分析，我们可以得出三个政策预判。

第一，必须在结构性去杠杆的过程中保持相对宽松的流动性。结构性去杠杆本身就容易引发整体金融市场的恐慌，因为这意味着一些不良资产要被处置，由此往往会引发连锁反应，导致好的企业也会被怀疑成为问题企业；同时，不良资产的处置过程，也会导致相关好企业投资于问题企业的资产缩水。

第二，精准剔除一批不良资产。当前中国各主要金融机构，尤其是五大国有银行，不良资产的拨备是足够的，一般都在150％以上，但是这些拨备都没有用到不良资产的化解上。未来一段时间的做法可以是，由监管部门要求这些主要金融机构在一定时间之内处置相当数量的不良资产，比如说，每家大型国有银行半年之内处置总规模500亿元以上的500例不良贷款。这些处置不是以新增贷款的方式把不良贷款重新化为正常，而是真正的重组或者破产。中国银保监会可以直接对银行处理不良贷款的数量进行考核，灵活处理历史上相关银行工作人员的贷款考核，从而有助于减轻历史包袱，轻装上阵，加快资产重组。同时，建议打破企业间的互保"怪圈"，原则上消除商业银行历史上对不良贷款的互保条约，打掉资产重组的拦路虎。通过这种大规模去除中国经济的"癌细胞"的方式，大幅度提高杠杆的质量。

第三，把部分地方债务归并入中央债务。地方政府一般不会直接举债，因为地方官员的任期一般是三年左右，所以自然会形成一个举债不问还债的心态。在中国现有的政治体制下，更好的办法是由财政部统一建立一个基础设施投资基金，其角色类似于世界银行，由这个基金与地方政府共同合作，从事地方基建项目的投资，所有地方基础设施建设所需的资金，均由这个基金统一举债。通过这种办法，监督地方政府的行为，也让所有的地方债更加透明，信用评级也能够统一化。

当前中央政府的债务仅仅占到 GDP 的 15%，而包括地方政府关联债务在内的地方债占 GDP 的 30%以上，这是一个非常不合理的结构。地方债务体系一旦统一起来，各种各样的地方政府基础设施项目投资，主要由中央统一发行的债务来完成，相关债券的信用水平会大幅提高，利率也会下降。

我们有理由相信，一旦上述三项调整到位，中国结构性去杠杆的任务将会有序推进，国内外投资者对中国宏观经济的预期能够比较快地稳定下来，资本市场也能够出现一个反弹的走势。未来中国结构性去杠杆的方向和施策的精准度也会明显提高，中国宏观经济的问题以及资本市场的相对低迷有望得以缓解。

中国房地产泡沫探因：
来自"宇宙中心"的案例分析

伴随房价上涨，"清华学历远远不如清华学区房值钱"为网民热议，一些家庭经过长期奋斗，终于把自己的孩子送入了清华大学，而孩子毕业后却买不起清华附近的学区房。

这一问题其实不难解释，容我在本文最后进行分析，先分析分析为什么清华大学附近的房价如此之高——这是中国房地产泡沫之下一个更有意思且尚未被仔细挖掘的典型案例。

五道口——"宇宙中心"

清华大学东门外，在我1980年年初入清华读书时还是一片农地，只有一条小路通向清华。小路外面是双清路，它只能容下两辆汽车并排通行，却一直通到那时的国企改革典型——清河毛纺厂。

清华东门那时非常荒凉。每天下午（尤其是冬天的下午）4点以后，我都像很多同学一样，从东门出发，跑步到五道口的铁道线，然后折返经过北门附近那座现早已弃用的火电厂，回到清华，全程5公里左右。那时，清华学生学习用功，也特别重视体育。大家都争先恐后地锻炼，希望在 1500 米跑这样的达标测试中取得好成绩。

时过境迁，现在这片土地完全变了样，广义上被称为"五道口"，又被戏称为"宇宙中心"。

5 万 vs 10 万：优质学区加持，住宅身价倍增

这片地区房价高的确与学区有关。其紧邻清华，往西一站地铁即到北大东门，有清华附小、北大附小、中关村一小、中关村二小、中关村中学以及稍远一点的 101 中学和清华附中等优质学校。

学区能在多大程度上解释高房价呢？这里有个很好的对比。

这一地区的住宅因为属于学区房，2017 年的楼价普遍接近甚至超过 10 万元 / 平方米，例如在五道口、成府路南边有一个水清木华园小区，目前楼龄约为 15 年，其房价已经接近 10 万元 / 平方米。

而一路之隔、地理位置更加靠近清华大学的另一处公寓房（也是 70 年产权），最近才涨到接近 5 万元 / 平方米。其原因是该公寓房到目前为止还不能让房产所有者"落户"，也就不能享受学区待遇。该公寓之所以不能落户，是因为之前一直未能加入居民委员会，因此中关村派出所不同意落户。而不能加入居民委员会的原因是业主委员会迟迟不能成立，因为业主来自全世界各地、太过分散，且附近是五星级酒店，酒店的很多设施与该楼相通，情况比较复杂。我经常与身边的年轻同事说，可以考虑趁现在该公寓楼不能落户、房价尚低时入手，落户问题迟早能解决，届时房价一定会"跳升"到与周边小区相当的水平。

GDP 至上，衍生住宅与商业地产之争

五道口被清华同学戏称为"宇宙中心"，因为这儿极其繁忙，人来人往，熙熙攘攘，周末和节假日也是如此。这里聚集着众多年轻创业者、青年学子和专业人士。可是在这方圆 5 平方公里的土地上，21 世纪前 20 年主要的新建楼盘都是办公楼，住宅极其稀少。

办公楼包括大约 50 万平方米的清华科技园，它由七八座 25 层左右的高楼组成，其中包括政府专门批地给谷歌建的高楼，还有专门批给台湾威盛电子公司自建的大厦——威盛大厦。除此之外，还有大批科学院新建的办公楼。

与办公地产形成鲜明对比的是，新建的住宅楼盘，数来数去能想到的大概只有三四个，其中包括刚提到的水清木华园小区，其楼盘面积大概也就是不到 10 万平方米。另外一个较大的楼盘是 15 年前建成的华清嘉园，大概有 15 万平方米左右的建筑面积。这应该感谢当时作为华远老总的任志强。坦率地讲，华清嘉园的建筑标准、施工质量、设计水平用今天的眼光看是非常粗糙的。此外，还有龙湖地产 2011 年建造的唐宁 ONE，它是均价在 15 万元 / 平方米左右的高档公寓式物业。而上述尚不能落户的公寓，总面积 5 万平方米左右，其出身的名目是清华科技园的配套设施。这样看来，与上百万平方米的商业地产相比，住宅地产的供应真是屈指可数了。

这带来的直接后果，是住宅地产严重供不应求，其价格迅猛上涨。以任志强引以为豪的华清嘉园为例，其开盘单价也就是 3000 多

元，2017 年已过 12 万元。当时在这里购房的胆子大一点、也有闲钱的老师，如今已经是千万级的富翁了。这些老师现在大部分早已搬出华清嘉园，因为华清嘉园已经成为留学生尤其是韩国留学生以及青年学生的租房地，人来人往非常嘈杂，不适合拖家带口的居家生活了。任志强经常说，他作为开发商，给买房的人创造了巨大财富，自己并没有得到多少。他的话至少在"宇宙中心"五道口是靠谱的。

然而，更重要的问题是，为什么北京市乃至海淀区政府明知五道口房价如此之高，却不愿意在这里多批一些住宅用地呢？究其原因，根本在于 GDP 至上。因为在五道口提供办公楼、提供科技园，给谷歌、给台湾威盛电子公司盖高楼，可以直接拉动 GDP。所以，今天五道口聚集了一大批公司总部，如搜狐、网易、谷歌等，更不用说国家考试中心，还有最早给高等院校做互联网资讯服务的中国教育网。这的确让五道口的 GDP 不断增长，而五道口也挂上了高科技中心的美名，但直接后果就是当地房价居高不下，大量在五道口工作的高科技人员以及清华、北大的老师必须到区外买房。

哈佛和斯坦福的案例

行文至此，我们不妨绕一个弯，暂时离开五道口，来观察一下哈佛大学和斯坦福大学附近的房地产。

最近一百年来，美国哈佛大学已成为一个带动周边经济不断发展的高等教育典范，但是，哈佛大学周边的土地主要是居民所有，除了小小的哈佛园（Harvard Yard）外，哈佛没有校门。大学与城市完全融为一体。那么，哈佛大学如何满足自身不断上升的住房需求呢？

哈佛大学早已成立了自己的房地产公司，不断地在市场上购买周边居民的土地和房屋。但是仅此一招还远远不够，因为购买的居民房不经过哈佛所在的坎布里奇市的规划委员会允许，是不能改为办公用房的。所以，哈佛大学需要不断与坎布里奇市的规划委员会进行抗争，力争把一些居民房改造为办公楼，因此，哈佛大学与坎布里奇市规划委员会的关系经常是非常紧张的。

此外，哈佛大学对自己已有建筑进行改造，也会受到坎布里奇市规划委员会的干预。规划委员会是由居民选举产生的，它所考虑的往往是现有居民的利益而非城市的整体发展，因而引发了许多荒唐的故事。比如说，2010 年哈佛大学在改造一栋办公楼时，设计师在坎布里奇路的两边设计了完全对称的两栋楼——现在成了亚洲中心及费正清中国研究中心和哈佛大学政府系所在地——为了把这两栋楼连在一块儿而不破坏街景，又设计了地下通道，但是规划委员会始终都不同意修地下通道，虽然这一点都不影响外景。据说，规划委员会中有一位委员，他的孩子没有被哈佛录取，因此非常恼火而极力反对。所以，尽管哈佛大学在全球化时代声名日益显赫，但其很难在附近扩张。坎布里奇市的 GDP 也很难增长，至少没有因为有哈佛大学而迅速上升。

正是苦于长期搞不定与坎布里奇市的关系，全球金融危机爆发前，哈佛校长萨默斯决定跨过坎布里奇市，到查尔斯河对面的小城奥斯顿发展，因为奥斯顿有很多空置的土地，那里目前有哈佛的体育场以及哈佛商学院。但是由于金融危机的爆发，这一发展规划一推延就是近十年。

斯坦福在这方面比哈佛幸运多了。斯坦福确实促进了硅谷高科技产业的发展，从而导致其周边土地巨幅上升。幸运的是，斯坦福校园之前是个极其巨大的农场，斯坦福的外号因此而成为"农场"。斯坦福不愁地，为了应对高房价，斯坦福大学拿出自己一部分土地，开发成自己拥有大产权、小产权出让给教授的住宅。按规定，这些住宅只能卖给斯坦福大学自己的老师。这就部分解决了硅谷房价高给斯坦福大学带来的发展难题。

清华和北大也在部分地模仿这个模式。清华在附近的清河购置了部分土地，在此建了小产权房出售给教师，也是像斯坦福一样规定只能在校内转让。这也部分对冲了五道口房价高涨的因素。

住宅用地供给的机构困境和农村困境

五道口附近并不是没有土地，但是这些土地很难拿出来进行开发。

这里的一类土地由东升乡所有，在五道口这样高房价地段的中间，却仍然保留了一个乡，而没有纳入城市规划，也多少有些出人意料。至今东升乡仍然保留着自己的卫生所和乡办公机构，这里都是一片5层楼左右的低矮的房子，完全应该通过土地置换提高容积率来开发利用。但是，一个乡的土地要改成城市用地，乡政府本身并不能直接得到很多好处，因此这种交易也很难进行。

另外，五道口附近机构林立，包括清华大学和中国科学院等机构都有大量自己的土地，但这些土地都属于机关用地，不可能转为住宅用地开发。比如，中国科学院的楼，最近几年也是不断更新，从 5 层转成了 15 层，但是一栋接一栋都是办公楼，都不能转成住宅用地。清华校园占地近 6000 亩，是全国没有另建校园的高校中面积最大的之一。清华园里有大量低矮的四五层的住宅和宿舍楼，这些楼也很难改造成容积率稍微高一点的，比如七八层的住宅，因为现有的居民很难拆迁，更重要的是，清华大学对于自己的土地并没有百分之百的处置权。

这就形成了一个困境，那就是虽然房价高，但是土地很难被拿出来进行住宅的建设，很难在供给侧提供解决的方案。这恐怕是中国各大城市的一个通病，而北京尤为突出。

清华毕业为什么难以负担清华学区房？

最后分析一下为什么五道口的学区房房价如此之高，远远超过一个清华大学高才生毕业所及的经济能力。

首先，父母送孩子上清华的目的之一是获得人生的一种成就感，而这种成就感往往来自非经济的因素，包括个人的幸福感和社会的承认。因此，即使毕业生工资不高，父母也期望孩子上名校。

其次，在经济方面，一个大学的毕业生包括清华毕业生，收入是不断上升的，很难用短期内的经济收入来衡量。从长远来看，清华学位带来的人力资本溢价应该是相当高的。

更重要的是，五道口附近的高房价，是一个投资现象，高价房并不像昂贵的普通消费品一样让人望而却步，只要投资者预期未来的房价持续上涨，就仍然会有人不断进入。这应该可以解释高房价与高学历、与高才生的相对高收入难以对应的问题。

3. 互联网与新经济

消费整合生产：
中国互联网经济模式刚刚启程

清华西门的战事：线上在"消灭"线下吗？

8月底的北京，几场秋雨让人感到瑟瑟凉意。每年这个时候，我都会到清华西门自行车一条街逛一逛，整修下自行车，为新学年的到来做好准备。

最近几年，清华西门原本熙熙攘攘的自行车一条街上，只剩下稀稀拉拉几家车行了。跟老板打听，他说现在自行车店越来越少，一个原因是很多顾客都在网上买车，更重要的是，近年来共享单车的兴起使得自有自行车的需求大大减少。不仅自行车店少，可选的品种也在萎缩，车店老板告诉我，批发商看不准需求，不敢进货。

与清华西门实体店凋零形成鲜明对比的，是网上自行车销售品种的丰富多彩。我从网上淘来无级内变速轴、前后联动刹车这些高科技配件，把自己的杂牌车做了精心改装，车子看起来"次"，但骑起来"牛"。当然，最后还要靠清华西门来自安徽的小李帮忙安装调试。

清华西门自行车店的式微，是互联网经济正在"消灭"线下商店和线下服务的典型场景之一，问题是，中国互联网经济仅仅是在"消灭"传统零售和服务吗？不妨再看以下三个例子。

三个案例看互联网平台的整合空间

第一，电商卖酒的例子。买酒的人都知道一个道理，宁肯多花点钱，也不能买假货让自己遭罪。为了防伪，各主要酒厂都有自己的绝招。当前中国白酒行业的三大品牌——茅台、五粮液与洋河，广告的主题之一就是"反假"，目标是把那些担心假货的顾客吸引到自家品牌来。消费者心里非常明白，这些白酒与其他一些酒厂生产的便宜的真酒在口感上的差别远没有其价差那么夸张，但为了防范假货，都会买有防伪保障的知名品牌的酒。

有一个山东的企业家在四川五粮液酒厂周边收购了一批酒厂，邀请我品尝，即便是多年品酒的我也很难分出他的酒和五粮液的区别。他的酒厂生产成本非常之低，只有五粮液零售价的 1/20，但怎么能让消费者相信他的酒是好酒呢？一种可能的战略是，找一家有良好声誉的零售电商做贴牌销售。当前，有的电商已经做到了自营店里不卖假货，而且物流以及售后服务极其到位，所以一旦他生产的酒挂上了这些电商的牌子，消费者就不担心酒的质量。这就是自营品牌的奥秘。

由这个例子可以推想，再往下，具有良好自营声誉和物流服务的电商将会介入生产，从而监督这些酒的生产过程，成为这些酒实际的生产控制者甚至是品牌的所有者。简言之，电商整合生产商！

第二，超市的例子。最传统的超市源于自由市场的早市，新鲜方便，但它的缺点在于，超市对消费者来说是劳动密集型的，对供应商而言供货也极其辛苦。它需要供应商在清晨送货，而且也经常会产生供货不够或过多所导致的问题。现在，京东、淘宝等电商都已经建立了线上超市品牌，其直接优点就是让消费者足不出户就能购买到新鲜的蔬菜和食品。

这种商业模式更大的潜在优势在于，电商能够精准地掌握和分析某一地区消费者的消费特征、消费习惯等各种数据。这种大数据反馈到生产侧，能够让厂商精准地提供各种各样的产品，最大限度地匹配需求与消费。可以想象，这一进程将会使电商在最后演变为若干家蔬菜和食品的超级分发平台。最后，这些分发平台又会反过来去整合一大批的农场和养殖场，并使用大数据精准地指导它们的生产。电商平台不仅提供各类数据，更重要的是还要控制生产过程，因为它们本身的名声和产品质量取决于对生产过程的精准控制。可以想象，未来的电商将会直接或间接地拥有一大批商品的生产基地。

第三，小商品的例子。我的一个业余爱好就是自己动手改装摩托车、自行车，比如给车加上指示灯、手机托架或电源插孔之类的配件。我的经验是，与线下购买相比，在网上淘这些产品总体来说是最方便的。但是问题在于，在京东或者淘宝平台上找到真正想要的产品，往往是一个痛苦的过程。例如，搜索一个刹车灯的电线接头，会冒出成百上千的搜索结果，虽然可以进一步筛选，但还是非常费时费力。更重要的是，生产这些小商品的产业往往处于产能过剩状态，廉价的伪劣品充斥市场，由于无法看到这些配件的质量，又担心买到伪劣产品，所以我的习惯是从高价往低价看。作为消费者，我是既非常费力又为防假多花了钱。我相信下一步将会有某个电商整合这成千上万的生产者，组织成若干家享有盛誉、质量可信、服务到位的生产商，而电商手中的数据能反过来指导这些产能过剩的企业精准生产，避免廉价竞争。

清华西门自行车实体店的未来

从以上三个案例的分析，我们可以大致推断出清华西门自行车店的未来。我的预测是，这些实体店还会存在，甚至会扩大规模，手艺超好的安徽小老乡小李的生意恐怕还会更加兴隆。但与今天不同的是，小李和他的伙计们将大概率会被共享单车平台整合。共享单车如今虽处于"战国"时代，但混战一两年之后一定会出现一两个"秦始皇"。"秦始皇"们一定会利用你我使用共享单车的数据，量身定制出我们需要的自行车服务，比如给清华师生提供个性化的自行车长租服务，比通用的时租车好骑，有了问题可以到清华西门免费修车、换车，或者交点钱升级各种零部件。再往上游，共享单车平台一定会并

195

购一些自行车生产商，精准提供产品。

这种整合不仅会发生在清华西门，发生在自行车行业，也会发生在更多生产和服务领域，成为中国互联网经济发展的新模式。

消费整合生产：中国互联网经济模式

伴随电商、共享经济等数字平台企业的发展，中国互联网经济的基本走势目前已露端倪：从消费端发力，自下游向上游逐步推进。无论共享单车还是电商平台，都起步于消费端，通过掌握消费信息（包括消费者对质量的需求），从而整合上游的生产者，使其在产品质量、数量与品种等方面，更好地与下游消费者的需求相匹配，最终化解产能过剩或者"供不应求"这一市场经济的基本问题。

中国互联网经济发展的这一重要前景，与其他国家有所不同。在美国和德国，互联网的发展，乃至更广义的数字技术革命，往往从生产侧开始。德国的工业4.0，很大程度上是生产领域的革命。而中国的数字技术发展，则是从消费端开始的。所以，中国互联网的发展模式极有特色，正在走出一条独特的道路。毫无疑问，中国需要借鉴德国工业4.0的优点，例如工业生产自动化、新材料和新能源的广泛应用。但同样不可否认，中国模式也有欧洲和美国很难学习之处，因为中国拥有高度密集的城市和年轻的消费群体，以及一大批年轻的工程师和极具创新力、受过良好教育的年轻劳动力和创业者。这使中国互联网的发展不仅引领新经济时代，还在全球范围内具有极大的创新性。

对此，中国传统行业要做好充足的思想准备。从短期来看，我们能直接观察到，互联网平台企业由于受到投资者追捧，融资极其便利，因此可以利用手中大量现金来并购、整合传统实体经济——这是资本的逻辑，其背后是效率的逻辑，即通过这种整合，让产能过剩的问题得到很大程度的解决，让需求和供给更加匹配，让整个社会的生产和分配更加协调一致。这是中国经济未来引领世界经济的新走势，中国经济的观察者和决策者应当给予高度的关注。事实上，由于中国拥有强大的制造业基础，一旦消费端与生产端在互联网时代全面打通，中国经济将焕发出全新的增长能量。

"互联网 +"的最大发力点应该是推进改革

在伦敦的街头，外来访问者经常会发现一个非常奇怪的现象，那就是马路上有很多挂着特殊标志的摩托踏板车。这些踏板车上有高高的玻璃，上面放着伦敦的地图。骑行者身着特殊的橘黄色背心，每骑一段就要停下来，在地图上写写画画。

他们这是在做什么？

其实，这是当地出租车司机资格的申请者在熟悉伦敦的地图、地址和路况。据说，伦敦出租车司机的考试是世界上最严格的，申请者一般要经过多轮考试，因此，他们必须要熟悉每一条街道甚至每一个商铺的情况，要能够迅速回答出从 A 点到 B 点的最佳路径。

如此之难，为什么还有那么多人想考伦敦的出租车执照？

这是因为，一旦当上了伦敦的出租车司机，一辈子的工作就搞定了。虽然伦敦的出租车费用奇高，一般人不太会坐出租车，但是，由于当地出租车的进入壁垒非常高，而且出租车司机组建有工会，从业者收入仍然很好。

这是什么？这是垄断最直观的图解。

然而，从消费者角度来考虑问题，就会发现，伦敦的出租车司机固然非常专业，但是坦率地讲，以我的经验，那些人有时脾气也挺大，交谈不容易。更重要的是，伦敦出租车提供了过度的服务，因为当今大多数乘客并不需要乘坐伦敦如此巨大的出租车，也不需要出租车司机了解清楚每一个街道的详细情况。在卫星导航普及的今天，这些都是没有必要的，乘客们要的无非是从 A 地到 B 地安全舒适的基本服务。显然，伦敦出租车司机所收的钱是太高了。

这种情况延续了多年，人人皆知，但是垄断一旦形成了，就很难打破。

北京以及中国其他地方的出租车行业，情形与伦敦在性质上是一样的，其不同之处在于，是政府而不是出租车行会垄断了出租车供给。而现有的出租车公司，许多是个体老板或者地方政府间接拥有的，他们控制了这些出租车的牌照发放。

北京过去几年出租车的数量几乎没有增加，这就造成了出租车供给严重不足，服务质量下降。而与伦敦不同的是，中国绝大部分地区的出租车司机是打工的，他们并不拥有出租车，每个月要付出非常高的"份儿钱"，只能被迫接受相当低的实际收入。这就造成了出租车供给不足，司机加班加点超时运行，服务态度差。

从长远来看，当今的出租车司机正在以身体为代价工作，积劳成疾的他们，在不久的将来可能患上各种各样的慢性病，而社会最终要为这些慢性病埋单。换句话来讲，各地出租车公司的超额利润，是以低质量的、供给不足的服务以及由社会支付的出租车司机长远的健康代价为成本的。这显然是不合理的。

互联网正在改变这一切。在伦敦，已经出现了优步（Uber）；在中国，早前合并的滴滴打车和快的、Uber 等公司都已经进入这一市场。这种以个人自己带车、由打车软件公司提供基本的平台服务、由司机向顾客提供一对一服务的商业模式，正在对出租车行业形成巨大冲击。多年以来，经过各方论证、不断研讨的出租车行业的改革，终于正在破题。

这个案例告诉我们什么呢？

它告诉我们，交易成本极低、社会广泛参与、参与者相对平等的互联网平台，具有强大的生命力，它具有一种自下而上的推动社会进步的力量，它能够达到过去长期以来自上而下或者是社会精英阶层探讨的改革所达不到的效果。

当前，"互联网+"被当作中国经济转型的利器，但是我更想强调的是，"互联网+"应该成为推动改革的利器。"互联网+"是一场人民战争，它会将反对改革的利益集团逐个击破，最后形成全面改革的动力。最终，这场改革与自上而下的改革相呼应，在这一轮改革中将发挥不可低估的作用。

不是"无人驾驶",是"智能驾驶",它将颠覆汽车产业

2016 年 3 月 7 日,宝马启动新百年庆典;接着,人工智能的标志之作阿尔法围棋(AlphaGo)连续战胜韩国围棋巨星,谷歌、苹果等巨头强调研发无人驾驶。这一切都在反复拷问一个大问题:无人驾驶时代来了吗?有着超过百年历史的汽车行业是否在酝酿着一场新的革命?我长期关注汽车产品和汽车产业,对此有些想法,愿与大家分享。

无人驾驶离我们还很遥远

为什么这么说呢?首先,我们必须理解的是,本质上讲,无人驾驶和利用人工智能创造围棋和国际象棋"高手"完全不同。无人驾驶的本质是人工智能与人在马路上博弈,尽管博弈的目标并不是"胜利",而是避免交通事故。围棋和国际象棋的规则比起交通规则简单得多——交通规则虽然只有区区几十页纸,但在马路上,大家并不是完全按照这个规则来驾驶车辆,现实中的交通规则非常复杂。

举例说来，我们经常看到不遵守交通法则、无理强行加塞并道的汽车。按理说，受害的一方完全可以把车撞过去，而不用负任何法律责任，但是，由于事故处理成本极高，很少有人这么做，所以有人强行加塞时，绝大多数人往往只是无奈地避让。

而且，马路状况千变万化，比起围棋上的博弈要复杂得多，例如在小胡同里迎面错车，到底谁让谁，在这种情况下，一个正常的驾驶员往往可以有快速的、基本准确的判断，而且好的和坏的驾驶员在这个基本判断上差别不会太大。但是对于机器来说，对这种情况进行灵活、自然的应对，却绝非易事。

我可以想象，若干年后，也许马路上会出现无人驾驶汽车，但这些汽车在很长时间内是不受主人欢迎的，很多人会觉得这种汽车"傻"，人工驾驶的汽车会在博弈中胜出。这里面有法律的问题，无人驾驶汽车的主人必须非常小心地避免可能出现的交通事故，尤其是在中国的道路环境下，有人驾驶的汽车一定会想方设法、斗智斗勇，最后逼得无人驾驶汽车过分谨慎，只能一路小心爬行，使得主人家非常恼火。

智能驾驶的时代已经到来

智能驾驶与无人驾驶是不同概念，智能驾驶更为宽泛。它指的是机器帮助人进行驾驶，以及在特殊情况下完全取代人驾驶的技术。

智能驾驶的时代已经来到。比如说，现在很多车有自动刹车装置,其技术原理非常简单,就是在汽车前部装上雷达和红外线探头,当探知前方有异物或者行人时,会自动帮助驾驶员刹车。另一种技术与此非常类似,即在路况稳定的高速公路上实现自适应巡航,也就是与前车保持一定距离,前车加速时本车也加速,前车减速时本车也减速。这种智能驾驶可以在极大程度上减少交通事故,从而减少保险公司的损失。

我相信,智能驾驶技术将很快普及,其中的一个机制就是保险公司的保费会随着智能驾驶的到来而下降,这会使得车厂和购车者有动力生产和购买应用智能驾驶技术的汽车。据说在美国,智能刹车技术将成为政府规定的未来汽车的基本配置。

智能驾驶不仅能够辅助汽车的行进,更重要的是帮助停车。奥迪和宝马都已经推出了能自动停车入位的车型。宝马新 7 系可以完全实现人车分离后的自动停车,这不仅降低了对驾驶员停车技术的要求,还能够在很小的停车空间中泊车,因为它不用考虑停车后开车门的空间。奥迪也已经展示了一项概念性技术,就是在到达商场、酒店或者家里后,汽车会像小狗一样自己找到车位,等车主出来的时候又会自己开到车主身边,这就大大减少了寻找车位的时间。

在促进智能驾驶技术普及的速度上,还有一个因素值得考虑,那就是智能驾驶并不取代汽车驾驶人员的灵活性和乐趣。在很多情况下,驾驶员仍然可以享受驾驶的乐趣,同时也能够根据自己的判断在最复杂的情况下主动出击,而不是依赖机器或人工智能。我坚信,未来 5 年推出的新车型绝大部分都会装备智能驾驶功能。

智能驾驶将颠覆汽车行业，软件、硬件两大阵营谁来主导

既然智能驾驶时代已经到来，那么汽车行业会不会有颠覆性的变革呢？我认为会有。

首先，智能驾驶时代更加促进了通用技术的研发。

什么是通用技术？举例而言，司机都有这样的经验，再贵再好的原车厂提供的内置导航都不如百度地图或者高德地图这样的手机导航好用。其道理很简单，就是百度和高德可以随时更新地图，非常容易进行搜索，且随着路况变化随时提供最优的驾驶路线。而车载导航往往地图陈旧，输入复杂不便，很难随时更新路况。

为什么会出现这样的局面？百度导航和高德导航的用户是以千万或以亿来计算的。为了保住这些用户，百度和高德必须不断研发，其研发投入与消费者的人数相比微不足道。相反，即便是丰田、大众这样的大型汽车制造商，其累计的导航用户也不会超过 1000 万，不值得大规模持续投入研发，也非常难更新地图和界面。

这个例子告诉我们，未来的汽车行业一定会出现两大阵营。一大阵营是专门从事智能驾驶以及人车交互界面的公司。这类公司最有可能从苹果、谷歌等互联网企业中产生，它们专注于设计智能驾驶的通用软件以及人车互动、车与车之间通信的标准程序与制式。最有意思的是，这些公司最后很可能整合成一家到两家。这一两家公司都会有自己的平台，就像今天的苹果和安卓两大阵营一样。这种平台让车与车之间互相沟通，手机与车、人与车之间互相沟通。谁控制了这个平

台，在很大程度上就控制了用户，也控制了车厂。

另一大阵营就是生产与地面接触的、与消费者直接有物理接触的机动车的传统车厂。它们的优势在于研究发动机、电池、传动系统、控制系统以及跟其他汽车相关的物理的舒适系统。这类车厂，今后的数量最有可能也会逐步地下降，因为它们之间有很多通用技术，从而导致竞争加剧。事实上，现在自动刹车和自动巡航系统的零部件已经大量地由博世公司所生产。生产硬件的车厂在未来必须更加专注，更加专业。为了更加专注、专业，车厂规模应更大，技术通用性应加强。

未来，这两大阵营都会存在，关键在于谁主导谁：是生产软件的谷歌、苹果主导生产硬件的宝马、奔驰呢，还是反过来，宝马、奔驰来主导谷歌、苹果呢？或者说，两者是一种比较平行、对等的关系。

我倾向于认为，未来，或者是谷歌、苹果等主导宝马、奔驰，或者是一个比较对等的关系。因为谷歌、苹果等规模巨大，财力雄厚，打得起持久战，砸得起大量的金融资源。如果宝马、奔驰以及中国一些车厂不能迅速整合的话，将被这些软件公司一一攻破。未来汽车市场的利益分割将更多地流向软件公司，有点像今天硬件生产市场上博世一统天下、一家独大的格局。不过目前来看，答案还不清晰，再过5年，我们也许能看得更加清楚。关键在于，生产硬件的车厂能在多大程度上加速整合。

最后必须问的一个问题是，对于中国车厂，智能驾驶时代的前途在哪里？我的观点是，中国车厂必须加快淘汰落后产能、加快整合，这样才能够在未来更加激烈、更加平台化、更加大规模的竞争中占有一席之地。

　　同时，我也特别呼吁，中国的百度、腾讯等互联网公司，必须加入智能汽车平台的研发，必须根据中国的路况和中国人的驾驶习惯，研发智能驾驶的各种软件。否则，在智能汽车软件这个巨大的行业，中国又将落后于发达国家——就像智能手机市场一样，苹果、安卓这两大美国公司开发的平台主导了世界。中国不应该重蹈这一覆辙。

传统体制应拥抱互联网金融

2013 年以来，互联网金融在中国形成了一轮热潮，以余额宝为代表的互联网货币基金迅速汇集了上千亿元的资金规模，转移了相当一部分的银行存款，从而引发了全社会对传统银行业的担忧。由此带来的核心问题是——互联网金融会不会对传统金融业务带来实质性的冲击？

我的答案是，经过合理监管的互联网金融对传统金融体系的冲击是有限的。简单利用互联网渠道的互联网金融，对传统金融机构的冲击是存在的，但是比较有限；而以互联网交易为基础建构的互联网金融，对传统的金融机构不仅不会造成冲击，相反会带来有益的补充，前提是合理监管，尤其是要严防假借互联网金融之名面向公众筹款、恶意挪用资金的情形发生。

互联网金融的两种类型

首先，有必要厘清当前互联网金融业务的两大类型。

第一类我们不妨称之为非原发性互联网金融业务。这指的是以互联网为工具、本质上却是为线下经济活动服务的、属于传统金融业务的互联网金融服务。余额宝就属于这一类。这种金融业务并没有突破传统金融业务的范畴，它只是利用互联网这一更为高效的信息交流手段，将传统金融业务的传播、销售渠道拓宽了。

以余额宝为例，其实质无非是以互联网作为营销渠道，将网民的资金聚集起来，再通过协议存款之类的形式回存到商业银行。这一过程加快了储户资金从银行到货币基金的转移速度，但基础的业务还是银行存款，最终的投资去向还是通过银行贷款投放到实体经济中。

第二类则可以称为原发性互联网金融，即，真正为互联网上的经济活动提供金融服务。举例说来，在淘宝网的网店以及买家之间，有大量因为交易而进行的经济活动——订货、发货、收货、付款、评价等等。这一系列的交易活动，在互联网上留下了极其丰富的数据，这些大数据可以非常高效地反映互联网交易参与者的行为特征，如信用度、消费习惯和消费偏好等等。这些数据完全可以被利用起来，为网上交易的各种参与者提供金融服务，如给卖家提供贷款、给买家提供信用卡分期付款等服务。这一类交易符合金融为实体经济服务的基本原则，也是对传统金融业务的一个拓展。

非原发性互联网金融冲击有限

第一类非原发性互联网金融业务，对传统金融业有一定的冲击，但相对有限。

首先，这类业务是把互联网作为分销工具，它能够提升单个储户之于银行的相对地位和议价能力——因为它能够把分散在各地的储户资金迅速汇集起来，经由互联网基金统一与相关的银行讨价还价，从而获得比较高的存款利率，压低银行正常的利差。这一过程从本质上讲，并不是互联网带来的，而是打破传统商业银行的垄断造成的。

垄断使得传统商业银行可以享有较高的利差，获得超额的利润。即便没有这一类互联网金融业务的出现，伴随中国金融改革中一系列新的金融机构的涌现，以及利率市场化的进一步推进，既有商业银行的利差也会逐步下降。

所以，非原发性互联网金融模式对传统银行的冲击，本质上并不是互联网带来的，而是它作为新的金融机构，打破垄断所带来的，余额宝就相当于一个新的第三方理财机构。

但是也必须看到，这种冲击是有限的。因为余额宝等产品的潜在风险巨大，合理的监管将会降低它的市场竞争力。在互联网上，余额宝等产品的聚财能力非常强，恰恰是这个强大的聚财能力，也带来了非常强的散财能力，因为一旦储户对余额宝的信心下降，就会快速出现挤兑，因此，对余额宝等基于互联网的货币基金必须要进行合理的监管。

合理监管的一个目标，就是降低这些基金被挤兑的概率，基本的办法是对这类基金的流动性、取款的难易程度加以限制，同时，这类货币基金也应拿出比银行更高的存款准备金。由此看，余额宝这类产品能够给予投资者的利率将不断下降。随着余额宝被纳入正常的监管体系，其安全度将会提高，利率也会走低，对传统银行的冲击力将逐步地下降。

原发性互联网金融与传统金融具有互补性

原发性互联网金融业务基于线上交易活动展开，这些交易在一定程度上是实体经济的延伸，因此，这一类业务也可以被看作是传统金融的延伸，而不是替代。更重要的是，互联网上的交易有其独特性，大量交易信息可以很容易地被收集起来，并被互联网金融机构用大数据的办法加以分析，从而提高金融业务的精准度和效率。

原发性互联网金融活动是传统金融机构原本并未覆盖也无法企及的，反过来，此类互联网金融也不可能从本质上取代传统金融活动，它并不会影响传统的金融交易。具体说来，传统的金融交易一般注重的是给大客户包括企业提供贷款，而这种交易必须在线下面对面地进行，直接对大客户进行的数据分析，取代不了面对面的需求沟通以及实际调查。

讲得理论化一点，原发性互联网金融业务使用的是硬数据，是可以转换成计算机编码的各种各样的有关交易双方的信息；而传统金融业务更需要的往往是软信息，包括金融家与交易各方见面后的主观印象，软信息是传统交易的灵魂。

随着一部分实体经济的线下交易转为线上交易，也会有一部分的传统金融业务转向原发性互联网金融，但这种转向应该会是一种比较渐进性的变化，而不是像余额宝一样短期内把大量资金从银行吸引过来这种迅猛的变迁。传统金融机构有充分的时间学习与嬗变，拓展自身在互联网时代的业务空间。

传统金融机构应该拥抱互联网金融

方兴未艾的互联网金融，正在成为影响金融业发展的新浪潮，我们必须冷静地分析其业务实质与类型。从短期来看，虽然以余额宝为代表、利用互联网的分销能力展开的金融活动，对传统金融业构成了一定但是可控的影响，但更加值得我们期待的是，以线上实际经济活动为基础的原发性互联网金融活动。这类金融活动将大大扩展传统金融业的覆盖面，它意味着整个金融业因应时代变化进行的一种扩张，而不是对传统金融业务领域的简单分割。互联网金融值得期待，它必将成为中国经济转型和金融发展的一个重要切入点。

特别需要指出的是，互联网金融需要有特殊的监管和保障制度。一方面，互联网传播信息速度极快，如果形成对有关互联网金融的不良预期，很容易在网上传播引起过分的震荡，造成投资者恐慌性撤资，带来更大的风险；另一方面，也要做好投资者保护，中国储蓄者人数极大，许多小储户自我保护意识较为薄弱。因此，监管部门必须严防不法分子借互联网金融之名，行金融诈骗之实，互联网时代的投资者保护工作显得尤为重要。

三问脸书天秤币：

全球化时代的天使还是魔鬼？

脸书公司（Facebook）2019 年 6 月发布白皮书，宣称要创造一种新型的加密货币，还要成立一个管理该货币的协会，这就是天秤币（Libra）和天秤币协会（Libra Association）。

鉴于脸书作为社交媒体巨头拥有超过 20 亿的庞大用户规模，天秤币的横空出世将给现行货币体系带来怎样的冲击，迅速引发全球金融界乃至央行的热议。我们究竟应该如何看待又如何应对这项野心勃勃的计划？不妨先从了解这一新生事物开始。

不一样的天秤币

从公开信息看，天秤币与现有的数字货币存在很大不同。具体而言，它有三个根本特点。

第一，它的币值是和一篮子货币挂钩的，这就消除了很多投资者与交易者因担心其币值波动过大而不愿意使用的顾虑，不会引发投机炒作。在这一点上，天秤币和其他数字货币有所不同，其他数字货币是通过某种形式（如计算机挖矿）产生，发行量有限，事实上演变为金融炒作产品，而非流动货币。

第二，天秤币通过一套技术上的解决方案，让跨境交易变得安全便捷。天秤币的主要目的之一就是解决跨境交易的难处，因为目前的跨境交易极为复杂，涉及货币的转换以及银行间支付清算系统，时间成本和经济成本都很高，更是受地缘政治因素的影响，俄罗斯、伊朗，乃至华为与美国政府的麻烦都和这一问题有关，在国际上不断引发争议。

第三，天秤币有一个负责管理的理事会，这个理事会是开放的，要成为理事会成员就必须拿出至少 1000 万美元的真金白银作为初始投资（购买天秤币代币），每 1000 万美元获得一票。

天秤币三问

对于天秤币，我们要问三个基本问题。

第一，天秤币的本质是什么？

本质上讲，它和支付宝、微信支付是一样的，只不过支付宝和微信支付直接与人民币挂钩，一块钱的人民币对应着微信和支付宝里的一块钱，天秤币的币值则是和一篮子货币挂钩。这也是脸书要做天秤币的动机——因为目前为止，脸书还没有涉足支付领域，看着支付宝与微信支付折腾得风生水起，脸书当然也有想法。

天秤币与支付宝、微信支付的重大区别在于，天秤币具有独立货币的身份，它不与任何一个主权货币一一对应，而是与一篮子主权货币挂钩，而支付宝和微信直接与人民币挂钩。再有，脸书成立的天秤币协会，表面上看是非常公开透明的，实际上，其高门槛的设计也有圈钱的嫌疑。

第二，天秤币是天使吗？

由于脸书反复宣称它"被动地产生货币""币值以世界主要货币的币值为基础"，因此目前为止，其举动还没有引起各国央行的敌意。

未来，天秤币最有可能成功的领域有两类。一类是在一些经济脆弱的国家，他们的百姓不相信自己本国的货币，可能更愿意用天秤币标价和储蓄，天秤币有希望成为当地百姓日常交易使用的货币。这在正常情况下是有利于相关国家经济发展的。

与此相反，在经济发达国家，比如说欧盟各国和美国，天秤币就不太可能完全取代本国的货币。原因非常简单，因为百姓以本国的交易为主，其购物、用餐、租房等，都是以本币计价的，这是本地区央行的基本规定，如果用一个币值与本币不是一一对应关系的货币去交易，就会凭空给消费者和厂商产生很多麻烦，他们必须时时关心本币与天秤币的汇率问题。

天秤币另一类可能成功的领域是跨境交易。当前跨境交易极其复杂，天秤币由于技术的原因以及网络的便捷性，为这个问题找到了一个突破口。这就是为什么很多金融公司捷足先登，纷纷要求加入天秤币协会的缘由。天秤币有望成为推动经济金融全球化的利器。

第三，天秤币会变脸为恶魔吗？

在紧急情况下，天秤币的管理问题很可能成为一个极其复杂的地缘政治问题。在一些特殊情况下，一些强权国家很可能强迫脸书对个别国家的交易进行干预，甚至冻结和没收该国的一些天秤币账户。如果说脸书到目前为止只是控制了大众的舆论，那么在有了天秤币这个工具以后，脸书将有能力使任何一个大量使用天秤币的国家经济瘫痪，甚至政权垮台。

天秤币另一个需要关注的问题是，当越来越多的金融公司开始用天秤币进行交易，那么，很多金融资产就会以天秤币计价。可以想象，当世界经济和金融体系未来发生重大波动的时候，世界主要国家的政府会要求天秤币协会调整天秤币流动和交易的具体规则，以此扩大或者收缩其货币发行。到那时，天秤币的理事会事实上就变成了一个超级央行，天秤币就会真正变成一个独立的货币，拥有自己的独立货币政策，这一点与港币的情况完全不同。这个前景，各国央行一定是心知肚明的。

假如天秤币的理事会事实上变成了一个超级央行，天秤币变成了一个真正独立的货币，那么，谁来主导它的货币政策？其货币政策的目标是什么？以哪个国家或地区的经济情况为基准？哪个国家或地区的经济利益会因此受损？这些都是恶魔般复杂的国际政治议题。

中国如何对待超主权货币

根据以上的分析，那么，中国以及其他新兴市场国家对天秤币应该持什么态度呢？

第一，中国和其他发展中大国必须坚持本国交易不能使用天秤币的原则。即使在脸书用户非常多的国家，其政府也有必要要求本国的所有交易和计价都以本币为主，从而限制本国居民使用天秤币的范围，控制天秤币的流行范围和深度。

第二，这些主权国家应当有必要事先声明，在紧急情况下可以限制天秤币的跨境交易，以防出现大量的资金外逃和经济危机。

第三，对于中国这样的大国而言，必须考虑让自己的主要公司加入天秤币协会。毕竟天秤币未来有可能演变为一种主要的国际货币，与其拒绝，倒不如加入，参与其规则的制定。某种意义上讲，天秤币有可能演变为国际货币基金组织（IMF）长期以来想经营的特别提款权（SDR）这样的新货币，既然中国积极参与 IMF 及其 SDR 的运作，为什么不能参加脸书的天秤币协会呢？其本质是一样的。

第四，像中国这样拥有超级社交平台和电商平台公司的国家，应该鼓励自己的电商平台和社交平台更加国际化，在国际上推行自己的网络支付工具，从而提升本币在国际交易中的影响力。只有本币做强了，才更有能力参与未来国际货币的发行。

对于中国这样的大国而言，应该清醒地认识到，人民币国际化程度再高，也是一种主权货币，而未来世界一定会产生超主权货币。这种超主权货币，不一定由中国本土的企业产生——事实上，由于互联网交易和跨境交易的限制，中国本土的金融机构和企业创造这种超主权货币的可能性不大。中国等大国在推进本国货币国际化的进程中，也应积极地参与这种超主权货币的运行和管理，这恐怕是一种积极务实的应对方式。

4. 改革实践与中国经济思想

改革开放 40 年的经济学总结

中国改革开放 40 年创造了人类历史上最大规模的经济增长。40
年来，中国的经济快速发展，国内生产总值（GDP，按购买力平价计
算）占世界的比重从 4.9% 上升到 18.2%。作为比照，英国在工业革
命后的 40 年中，GDP 占世界经济总量的比重从 3.8% 上升至 5.9%；
美国南北战争后的 40 年中，GDP 占世界经济总量的比重从 7.9% 上
升至 17.3%；日本明治维新后 40 年中，GDP 占世界经济总量的比重
从 2.3% 上升至 2.6%；第二次世界大战后 40 年从 3.3% 上升至 8.9%；
"亚洲四小龙"（韩国、新加坡、中国香港和中国台湾）快速增长的
40 年（1960—2000 年），其 GDP 占比从 0.7% 上升至 3.5%。从体量
上看，中国过去 40 年来经历了人类有史以来最大规模的经济增长。

从中国自身的角度来看，过去 40 年更具有重要意义。根据我们

的研究①，中国 GDP 占世界经济总量的比重在 1600 年达到顶峰（占比为 34.6%），此后开始下降。1820 年后，随着其他国家陆续开启工业化进程，中国 GDP 占世界经济总量的比重开始加速下降，至改革开放之初（1978 年）中国占世界经济总量的比重仅为 4.9%。然而 40年后，中国占世界经济总量的比重又回升至 18.2%。从经济层面看，过去 40 年的确是 400 多年以来中国的首次复兴。

为何要在经济学层面总结改革开放 40 年

尽管取得了举世瞩目的发展成就，但是 40 年在人类历史长河中是短暂的，为什么有必要基于中国改革开放以来 40 年的实践进行经济学总结呢？第一个原因是为了中国自己的进一步发展。改革开放以来，中国做了许多正确的事情，实现了有史以来最大规模的经济增长，但是改革的目标尚未完全实现，有很多方面仍需进一步改革。因此，对于中国的经济学家而言，从经济学角度研究、总结改革开放至关重要。此外，国外的经济学家也应当关注中国经济，因为中国已成为世界第二大经济体，贡献了有史以来最大规模的经济增长，经济学理论需要对这一重要经济现象提出解释。

第二个原因是，与历史上其他的 40 年相比，中国改革开放以来

① Broadberry, S., Guan, H., & Li, D., "China, Europe, and the Great Divergence: A Study in Historical National Accounting, 980–1850", *The Journal of Economic History*, Vol.78, No. 4 (2018), pp. 955–1000.

的经济增长具有极大的独特性，因此我们需要从中提炼出经济学总结。其中最值得注意的一条是，改革的起点是一个政府高度统一管理的经济体。从高度统一管理的计划经济出发，中国尝试调整政府与经济的关系。这个过程的独特性不言自明。回看人类探索世界的进程，我们不难发现许多理论突破恰恰是缘起于某些"偶然的特例"，尽管这些特例揭示了普适性原理，但在当时的时代背景下都不是惯例的、常见的现象。例如，正是那些源自意外的实验帮助人类发现了放射性现象，发明了治病救人的青霉素与制造汽车轮胎的硫化橡胶。从中国改革开放 40 年这一重要的"经济实验"出发，经济学家最容易在政府与经济的关系这一领域获得有价值的、有启发性的结论。同时，这些结论也将具有普遍意义，将与其他经济体的发展息息相关。

在经济学层面总结改革开放 40 年的第三个原因是众多的新兴经济体对中国高速发展的经验产生了浓厚兴趣。世界上许多国家的领导人与民众在尝试从中国的经验中学习、总结具有普遍意义的、可复制的政策与制度安排。诚然，中国有许多有特色的政治与经济制度，这些特色也许较难被简单复制到其他国家，但中国的实践也一定能总结出能被其他国家学习、应用的具有普遍意义的经验。

如何从经济学层面总结改革开放 40 年

对中国改革开放以来的高速经济增长，已有研究提出了许多解释。从最宏观的层面看，邓小平同志"解放思想，实事求是"的论述无疑是为人称道的。换言之，最有利于发展的制度与政策需要通过尝试、实践、探索得到，不能从"本本"出发主观臆想。毫无疑问，这是中国经济改革最重要的经验之一。

理解中国经济腾飞的第二个角度是从经典的经济学原理出发进行分析。这些经济学常识性的知识点的确发挥了巨大作用，毋庸置疑。例如，中国的成功与重视教育密不可分，甚至在改革开放前，中国就推动女孩和男孩平等地接受基础教育；中国注重保护产权，推动众多国有企业、集体企业进行所有制改革；中国通过国际贸易发挥了比较优势。这些分析都有其道理，中国在这些领域取得的成就也举世瞩目。

理解中国经济腾飞的第三个角度从中国特殊的制度因素出发进行分析。例如，一些理论向我们揭示了为什么渐进式改革能够在中国取得成功。[1] 许多研究认为中国的改革是以"省"这一相对独立的单元

---

[1] Maskin, E., & Xu, C., "Soft Budget Constraint Theories: From Centralization to the Market", *Economics of Transition*, Vol. 9, No.1（2001）, pp. 1–27.

Lau, L. J., Qian, Y., & Roland, G., "Reform without Losers: An Interpretation of China's Dual-track Approach to Transition", *Journal of Political Economy*, Vol. 108, No.1（2000）, pp. 120–143.

Bai, C. E., Li, D. D., Tao, Z., & Wang, Y., "A Multi-Task Theory of the State Enterprise Reform", *Journal of Comparative Economics*, Vol. 28, No.4（December, 2000）, pp. 716–738.

Li, D. D., "Changing Incentives of the Chinese Bureaucracy", *The American Economic Review*, Vol. 88, No. 2（1998）, pp. 393–397.

Qian, Y., & Xu, C., "Why China's Economic Reforms Differ: The M-form Hierarchy and Entry/Expansion of the Non-State Sector", *Economics of Transition*, Vol. 1, No. 2（1993）, pp. 135–170.

Berglöf, E., & Roland, G., "Soft budget Constraints and Credit Crunches in Financial Transition", *European Economic Review*, Vol. 41, No.(3–5)(1997), pp. 807–817.

分散进行的，因此地方政府可以在恰当的激励下进行差异化实验。以这些地方政府发起的实验为素材，中央政府可以识别最有效的措施并加以推广。而在苏联，各地区只专业化地生产一小部分产品，并由中央垂直管理，因而很难推进分散化的改革实验。还有一些研究从中国的政治制度出发，认为共产党不受任何利益集团控制，因此执政党的决策是中性的，而这种"中性政府"有助于中国经济的持续增长。[①]这些分析都为我们理解中国特殊的制度体系提供了有力的分析工具。

与这些已有研究相比，我们的研究采用了不同的视角。我们试图回答以下一些问题：我们是否能够从中国改革开放中总结出一些可以写进教科书的、具有普遍意义的、之前被忽视的经济学原理？从中国经济高速增长中能否提炼出具有普遍意义的经济学原理，这些原理在其他经济体发展。例如英国工业革命、美国内战后的经济增长以及日本经济腾飞中同样发挥了作用，却被我们忽视了？这些经济学原理是否能提供可被其他国家学习和复制的政策建议？

为此，笔者牵头成立了专项课题组，进行了为期 9 个月的系统研究。课题组深入基层、奔赴一线，获取了第一手的、内容翔实的信息。例如，课题组赴江苏和辽宁做实地调研。江苏省是我国人均GDP 最高、GDP 总量次高的省份。课题组调研了江苏省两个城市，分别是长江以北的靖江市和长江以南的江阴市（苏南地区历史上是最具经济活力、企业最为活跃的地区之一）。课题组也调研了辽宁省沈阳市。沈阳市堪称"中国'底特律'"，在对外开放过程中承受了"转

---

① Yao, Y., "Neutral Government: An Explanation of the Success of China's Transitional Economy", *Economic Review*, Vol. 3（2009），pp. 5–13.

型之痛"。沈阳市曾是我国工业中心，20 世纪 50 年代承接了大部分苏联工业援助，兴盛时期曾有 1400 多家市属的国有企业，但目前仅剩 26 家。除实地调研外，课题组还与国家发展改革委、财政部、央行、自然资源部、住建部、证监会、原银监会和原煤炭工业部等 10 余部委的曾任、现任领导座谈。他们是改革开放的亲历者，为我们提供了关于改革开放具体决策过程的有用信息和深刻洞见。课题组也查阅了大量学术文章和政府文件，以及国家领导人相关论述，例如《邓小平文集》《陈云文集》《江泽民文选》《朱镕基讲话实录》以及习近平总书记系列重要讲话等。

有两点特别需要说明。第一，我们并非认为中国改革开放尽善尽美、在方方面面都取得了成功。实际上，中国经济体系在很多方面亟待进一步改革。在改革开放过程中，有一些政策也不尽合理。我们研究的目的之一即为讨论中国改革开放的成功之处和需要进一步改进之处。第二，我们希望立足经济学的理论和经济领域的具体实践，探讨中国改革开放背后的具有普遍意义的经济学原理。

改革开放 40 年的经济学总结

回顾中国改革开放 40 年的历程，我们认为在经济学层面可以总结以下五点经验。

第一点经验是，经济的增长需要新企业的创立和发展，而这就需要完备的市场和良好的营商环境。但是，在现实中市场并不完善，这就需要地方政府在适当的激励下帮助企业解决成长中的问题。中国各级政府尤其是地方政府在土地、用工、协调运输等方面帮助企业解决实际问题，引导上下游产业协同发展，对新企业尤其是民营企业的发展和壮大发挥了重要作用。即使在美国，新企业也会遇到一些问题，需要政府来帮忙解决。诸如，一些企业要引进高技能劳动力，这就需要地方政府放宽移民政策；再如，硅谷的高房价抬高了企业的人工成本，这也需要当地政府帮忙解决。中国改革开放的经验告诉我们，地方政府帮助企业的激励对于企业进入与发展极为重要，这种激励来自政治和经济两个方面。当然，有时候地方政府，在帮助企业创立和发展的过程中会存在一些非理性决策，因而，也需要有相应的约束制度来规范地方政府的行为。展望未来，政府应以进一步降低市场门槛和不断改善营商环境为抓手，不断促进新企业的创立和发展。

第二点经验是，快速的土地转换是经济增长的关键，而这一点被当代经济学整体忽视了。一项经济活动需要使用的土地，可能已被其他用途占用了，因此，土地使用权如何从一个经济活动主体转换给另一个经济活动主体至关重要。而这个过程通常成本十分高昂，因为科斯谈判本身的交易成本就是高昂的。在中国，地方政府有激励并且有权限来加速这个土地转化过程。绝大多数用于发展经济的土地从农用地转化为非农用地的过程由地方政府统一代理谈判，而无论是工业园区还是房地产开发商，都是直接再从地方政府得到土地使用权：或者通过拍卖得到土地以开发住宅项目，或者政府直接以低价将土地补贴给工业企业。快速的土地转换对加速企业进入也至关重要。

第三点经验是，金融深化和金融稳定对经济增长起着关键作用。

此处，金融深化是指居民主动持有越来越多的金融资产，金融资产的增速超过经济增速。金融深化对实体经济增长至关重要，因为金融深化推动居民储蓄通过金融体系转化为实体经济的投资。否则，有多余资金的居民需要自己创业或者单独寻找合适的投资项目，资金周转慢，使用效率低。反映金融深化程度的一个指标是金融资产总量与GDP 的比值。根据我们的测算，2018 年我国金融资产总量已经接近4倍的GDP，而1978 年仅为0.6 倍左右。金融深化的前提是金融稳定，否则居民会减少持有金融资产，甚至在银行和其他金融机构进行"挤兑"。为了让金融深化服务于本国经济，还要求金融深化基于本国货币。以本币为基础的金融深化，一方面使得本国企业依赖"内债"而非"外债"，避免发生外债危机；另一方面也能避免资金外逃。为了保持金融稳定，中央政府需要积极化解金融风险，尤其是跟银行体系相关的金融风险。

第四点经验是，开放最根本的作用是学习，而非简单地发挥比较优势或利用外国的资金与技术。开放迫使一国的经济主体学习国际上最先进的知识、制度、理念，并结合本国实际付诸实践，这是培育经济内生增长能力并逐步实现转型升级的关键所在。为了实现经济的可持续发展，各个经济主体，包括企业家、工人与政府官员，都必须进行学习，而对外开放是最有效的学习途径。诚然，开放的确有利于发挥比较优势，但仅仅发挥比较优势是不够的。就中国而言，对发达经济体开放而使本国经济主体获得学习机会的例子不胜枚举，他们通过这些机会学习新的商业模式，学习管理技能，学习如何开拓新市场，逐步发展壮大自己。然而，开放也伴随冲击与风险，经济主体应对外部冲击也将付出不小的代价与艰苦的努力。此时，政府应发挥作用帮助工人、企业家等微观主体应对开放的负面影响。中国的企业家、工人与政府官员共同努力，消解了这些冲击。在这个过程中，中国的中央政府与地方政府做出了很大的努力：一方面为受冲击行业的下岗工人提供基本的社会保障，并促进其再就业；另一方面积极招商引资，借由大企业、大项目的落地提振本地经济。从这一角度看，开放的进程也需要精心管理。

第五点经验是，中央政府应对宏观经济进行积极主动的调控。经济增长，尤其是经济的快速增长，会不可避免地伴随着宏观经济的冲击，导致经济时冷时热。就中国而言，当宏观经济处于上升周期时，企业间存在着激烈的竞争和博弈，大多数企业在博弈中急于扩大生产规模抢占先机，他们认为只要能扩大市场份额取得领先地位就能获得成功。反之，企业若不能取得领先地位，则将遭受重大损失。由于预期收益很高，对于微观企业主体而言，通过"抢占先机博弈"来扩大生产是合理的。但是，所有企业家同时扩大生产规模会导致过度投资，进而带来产能过剩。另外，当宏观经济过冷时，现存的企业则不愿意轻易退出。他们认为如果其他企业被迫挤出市场而自己能坚持并生存下来，就能获得价格反弹带来的可观利润。微观经济理论中的"消耗战博弈"描述的就是这个现象。这一微观主体理性博弈的结果是市场出清过程非常缓慢。

从微观层面看，企业在"抢占先机博弈"和"消耗战博弈"中所做的决策是理性的。但是，从整个宏观层面看，市场出清的漫长过程带来的经济社会低效率。中国中央政府积极地调控宏观经济，目的是加速市场出清的过程,从宏观层面提升社会效率。当经济过冷时,政府强制产能过剩的亏损企业退出,并通过财政补贴等方式帮助解决失业问题;当经济过热时,政府暂缓批准新项目,并责令商业银行减少对企业的贷款。中国中央政府综合应用包括财政与货币政策在内的市场化手段、行政命令以及改革等多种措施应对宏观经济的周期性波动。

总体而言,改革开放40年最基本的经济学总结是,一个成功的经济体,必须精心调整政府与经济的关系,尤其是政府与市场的关系。各级政府作为经济活动的参与者,他们的激励和行为必须调整到位,只有如此,政府才能和市场经济同向发力、相向而行,经济才能长期健康发展。在经济学的假设中,经济学家往往忽视政府的作用,或"一刀切"式地认为政府不是仁慈的就是邪恶的。然而,现实要复杂得多,政府参与经济活动的行为及其背后的激励是经济实践中极为重要的问题,值得细致研究。就中国改革开放的实践而言,政府很多情况下是助推市场发展的力量。

基于对中国改革开放40年实践的经济学分析,我们认为中国经济应在以下方向继续发力,进一步深化改革。在新企业进入与发展方面,应深化财税体制改革,赋予地方政府合理的财权事权,充分调动地方政府发展经济的积极性;应适度提高地方政府税收比例,激励地方政府持续改善营商环境,营造公平开放市场,促进本地经济发展;应放开行业准入门槛,加强相应监管约束;应推进落实降税减负政策。在土地与房地产市场方面,应该改变地方政府单一追求GDP的行为,鼓励地方政府更加关注民生与可持续发展,转向经营长期资产。借鉴德国和新加坡等国的经验，土地供给向民生倾斜，增加住宅用地供给。在金融方面，应将债券市场作为中国金融体系深化改革的抓手和突破口，推进地方政府基础设施建设投融资体系的改革，将地方政府基建融资从银行体系"剥离"至债券市场；应大力建设和完善股票市场发展所需要的制度基础，强化证券领域侦查、检察和司法力度，对违法违规行为给予严厉打击；应推动金融服务业有序的开放，同时精心管理资本流动。在对外开放方面，应以开放、成熟、自信的心态继续加快学习世界上一切先进知识、技术、理念，通过"请进来"、扩大开放、促进人员交流等措施推进科技、社会治理、金融法治建设、对外投资与国际经济治理等领域的学习。在宏观调控方面，应加强宏观调控手段的市场化和法治化，避免宏观调控对民营企业造成不公平待遇；应建立高效的政策反馈机制，提高宏观调控的前瞻性、时效性、针对性和灵活性，避免过度调控和滞后调控；应更加注重财政政策的逆周期调控作用，防止顺周期财政政策放大宏观经济波动。

宋代领先世界，清代落后西欧：
中国古代经济发展研究告诉我们什么？

今天没有人讲得清中国经济史的大图像，尽管我们许多前辈和同人作了杰出的研究，但也多是对单个地区或单个话题，如江南的米价波动、江南运河修浚等等，具有特别的了解。只有了解自己完整的过去，一个民族才能更好地了解自己的今天。而了解过去的基础工作，是了解这个民族过去历史上经济发展的整体情况，并进行国际比较。

我们的研究得出了以下几个基本结论。

第一，中国古代的经济发展水平按当今的标准看是十分落后的。例如，我们发现按 1990 年美元测算，明代人均 GDP 约为 920 美元，清代约为 760 美元，低于改革开放后的水平。注意以上美元计价的绝对值取决于古代与现代的货币比值，在之前我们发表的一篇文章里，按照实物产量乘以当今世界物价计算，以上收入水平更低。作为推论，我们可以更好地理解古人生命的经济价值，是远远低于现代人的。战争中生命牺牲的经济成本比今天低很多。

第二，从北宋初年到明代，中国人均 GDP 在一个较高的水平上波动，清代则呈现出下降的趋势。我们的分析表明，人均 GDP 下降的原因，主要是人口增长速度超过资本、土地的积累速度。在将近 900 年的时间里，人均耕地面积持续下降，这一下降没能被粮食亩产量的上升所弥补。换言之，人均占有的土地量、劳动工具包括牲口数量是下降的，这导致劳动生产率不断降低。

第三，通过国际比较我们发现，宋代中国的生活水平世界领先，但在 1300 年（元代大德四年）之前已经落后于东罗马帝国，1400 年（明代建文二年）前后被英格兰王国超过；1750 年（清代乾隆十五年）之前，虽然中国的部分地区和欧洲最富裕地区的生活水平相距不远，但是作为整体的中国已经落后于西欧，因而，东西方的大分流在工业革命之前就已经开始了。这一发现与以上人均 GDP 逐渐下降的发现密切相关，也就是说，中国人均劳动生产效率的不断下降对于经济发展、国家进步而言是重要的负面因素。

客观评估古代经济发展，是为了解现在展望未来

以上发现是过去十几年来我们的研究团队长期努力的结果。最近，我们的研究也得到了国家社会科学基金重大项目的支持，论文逐步在国内外学术杂志上发表。这些发现在中国经济学界引起了一些重视，但其重要性还没有被完全意识到。2017 年，英国《经济学人》以及《日本经济新闻》杂志对此进行了报道，这才反馈到国内媒体界，也不可避免地引发了一些议论。为此，有必要进行一些说明。

第一，这个项目是一个长期的、系统的、艰苦的研究工作。我们用生产法来测量中国古代 GDP 的总量、人均量及结构，测量的基础是相关朝代官方和民间的各类记录。比如对于明代，我们使用《明实

录》《万历会计录》、地方志等史料进行测算，这些史料对人口、粮食以及手工业（包括陶瓷、纸张、生铁、铜等生产量）都有比较详细的记录。宋代的数据则来自《宋会要辑稿》《宋史·食货志》《续资治通鉴长编》《文献通考》等。事实上，中国在这方面的历史数据记录远远超过同时期其他国家。正是得益于中国历史数据的完备性，和国际同行相比，我们的研究在方法论或数据的严谨性上远远领先。

据此，我们不同意中国经济史"加州学派"的观点，他们认为中国清代经济发展水平是世界领先的。我们的数据比"加州学派"更全面。同样，我们也推翻了英国经济学家麦迪森（Angus Maddison）有关中国经济史研究的若干结论。

麦迪森的研究被广为关注，他认为中国人均 GDP 在宋代从 450美元上升到 600 美元（注意他的古代和现代的物价折算比率与我们有所不同），此后一直维持在这一水平，这一推测与我们的研究结论不尽相同。麦迪森原本计划参加我们于 2010 年 5 月组织召开的第二届亚洲历史经济学年会，但其不幸在当年年初去世，遗憾未能成行参会。在此之前，我们与麦迪森有过多次的通信来往，并反复追问他计算中国经济总量的基础是什么。最后，他通过电子邮件告诉我们，他完全是通过自己的估算假定中国历朝历代的人均 GDP 水平，然后乘以人口数量得出经济总量。相比而言，我们使用具体的数据进行了严谨的计算和检验，虽然还有很多地方需要继续改进和完善，但是应该说比麦迪森的估算前进了一大步。

第二，如何解释我们的研究发现？有人说，我们的发现证明中国历史上并没有那么强大；也有人甚至据此讲，中华民族的复兴梦实际上是一种虚幻的梦，中国历史上并没有那么辉煌。这些说法都错误地解释了我们的发现。

我们的发现是说，中国的人均 GDP 在公元 1000 年左右处于世界最高水平，只是从公元 1300 年左右开始落后于意大利，1400 年开始落后于英格兰王国，这并不等同于说中国在历史上没有那么辉煌。相反，这说明中国古代的经济发展比我们之前的认知更加早熟，古代社会达到人均发展水平的高点比我们之前的认知更早，中国经济开始落后于西方的时间段也早于世人的认知。

那么，如何解释中国古代社会经济发展比之前认知的更加早熟、落后于西方的时间段比我们的认知更早这一发现？学术界对此一定有各种不同的观点，这显然超出了我们这一学术研究项目的范畴。我个人倾向于做如下解释：中国的社会政治体制在很早就进入了一个高水平的超级稳态。中国是世界上少有的很早就在意识形态上达成统一的国家，西汉时期就已经达成了这种统一。随之而来的是，中国古代的政治体制也相对成熟得非常早。又由于中国处于欧亚大陆的最东端，没有受到太多外来者的侵占和攻击。所以，中国出现了一个政治上相对稳定，以孔孟之道为核心、意识形态相对统一的大一统体制和政治经济结构。

这种结构使中国的经济很快就达到了增长的潜在水平，进入到一个稳态之中。由于中国社会相对稳定，处于主流意识形态的孔孟之道崇尚多子多福，中医又有较为发达和早熟的保健和生育技术，这使得人口增长得非常快。这样一来，中国很快就形成了一个大而不强、稳定又相对脆弱的帝国形态。这并不是说中华文明落后于世界，而是说明中华文明是世界文明中比较独特的一支。

据此，有一个推论就是，中国如果没有和外界发生直接的交流和冲突，就不可能发生英国式的工业革命。因为中国的人均 GDP 下降，但劳动力并不短缺，对节约劳动力的技术创新需求不足。尽管在中国的个别地区如江南的人均 GDP 相对较高，但是不可想象在大一统的体制下，局部地区出现资本主义体制，而整个国家仍然是封建体制的状态。

坦率地说，这些观点与经济史界的泰斗和前辈如吴承明、李伯重等先生是不同的。我们认为，用新方法认真仔细做基础研究而得出不同的结论，这才是对前辈最大的尊重。

目光转向今天，中国为什么能够迅速地发展？因为中国长期以来坚持的传统文化有着强大的稳定性和生命力，这种自洽的、稳定的文明体系在西方列强的冲击下产生了自我革新和自我变更的动力，促使中国近代以来发奋自强、逐步开放，最终带来中国过去改革开放 40 多年来的巨大成绩。

研究历史告诉我们过去，目的是展望未来。研究过去让我们懂得了自身的发展历程，也更加让我们理解改革开放的重要性。这正是激励我们不断前进，坚持改革开放的动力。

建立以人民为中心的官员考核体系

中国经济发展从高速度转向高质量

改革开放已经解决了百姓的温饱问题，2017 年后，中国已经进入全面建成小康社会的决胜期。党的十九大报告明确指出："从二〇三五年到本世纪中叶，在基本实现现代化的基础上，再奋斗十五年，把我国建成富强民主文明和谐美丽的社会主义现代化强国。"[①] 在经济发展的指导思想方面，党的十九大报告也提出了新的发展理念。过去 40 年中国经济的快速增长，在世界经济史上已经极其罕见；展望未来，摆在我们面前更大的挑战是要在 2018—2050 年间继续保持 33 年的平稳较快发展，也就是说，中国的目标是要保持经济连续 73 年坚实、平稳的发展，这在人类经济史上将创造一个不折不扣的奇迹。

事实上，要实现这一目标，未来 33 年中国经济不需要非常快的发展速度。根据清华大学中国与世界经济研究中心的测算，如果从

---

① 习近平：《决胜全面建成小康社会　夺取新时代中国特色社会主义伟大胜利——在中国共产党第十九次全国代表大会上的报告》，人民出版社 2017 年版，第 29 页。

2017 年算起，未来 8 年中国 GDP 保持 5.5％的增速，接下来 15 年保持 4％的增速，而在最后 10 年保持 3％的增速，那么中国经济到 2050 年将达到世界最发达经济体的中位数水平，相当于今天的日本、英国等发达国家的经济发展水平，且这一计算已经考虑了发达国家仍按过去 20 年的平均经济增速前进。

因此，中国经济未来 33 年的根本任务是保持平稳发展，而不是快速发展。这就是 2017 年年底中央经济工作会议提出经济工作要从追求高速度转向高质量的原因之一。高质量最核心的要求是可持续发展，是平稳发展，是不摔跤不犯错误、不走回头路的发展。

建立新的考核指标，推动地方官员提升发展质量

中国经济的最大特点是政府与市场的力量同向而为、有机结合。与其他国家相比，中国地方经济官员在促进发展方面起到的作用极为突出，他们是经济发展的推动者、策划者。因此，地方政府的行为直接影响着中国经济发展的速度和质量。

在中国过去的高速增长时期，地方官员所关心的是他们的考核指标。在各种考核指标中，最重要的是地方 GDP 增速、固定资产投资增速、税收上升的速度，以及这些指标在相关地区中的排名。官员围绕着这些指标加班加点、全力以赴，这是推动中国经济发展的最大动力，也是最有特色的动力。

中国经济要从高速度转向高质量，地方官员的考核指标也必须做

出相应的改变。按照党的十九大报告的要求，首要任务是建立以人民为中心的考核指标。我认为，在未来一段时间内，以人民为中心的考核指标应该包括以下三个重要方面。

第一，全国一盘棋，各个地区从总量经济发展转向人均经济发展。经济发展仍然是地方政府所关心的重要话题，因为一系列重大社会矛盾都必须在经济发展的过程中解决。但是必须看到，中国已经进入大国经济时代，人口和资金在不同地区之间的流动将会大幅度加快。因此，某些地区获得了从其他地区流出的人口和资金，GDP 发展速度会快一点，而另一部分地区失去了人口和资金，增长速度会慢一点。这是大国经济发展的自然特点和必然要求，也是大国经济增长优势之所在。例如，个别沿海地区还将快速发展，而一部分生态环境需要保护的中西部地区经济增速就慢一点，这是"五位一体"发展理念中生态文明建设的发展要求，是贯彻"绿水青山就是金山银山"[1] 的要求。在这种情况下，各地方领导也不能单单关注本地区经济总量的绝对增长速度。应该怎么办？增长的理念、增长的目标应该放在人均发展水平上。将来制定经济指标的时候，应该强调一个地区的人均发展水平要不断提高，哪怕当地总量经济水平有可能下降。这才是公平合理的机制。

第二，要把民生发展的各种指标考虑进去。民生发展指标应包括本地区居民的人均可支配收入的增长速度、本地区居民的受教育水平（尤其是高中阶段的受教育水平）、大学毛入学率的上升速度、本地

---

① 《习近平谈治国理政》第二卷，外文出版社 2017 年版，第 209 页。

区调查失业率的情况，以及本地区居民的人均寿命、健康水平等等。在此还特别需要指出的是，一些影响社会稳定的指标的考核，比如说本地区中等收入家庭的比重、本地区人口的自然增长率，以及本地区适龄妇女的生育率等也要考虑。这些是影响中国经济和应对人口老龄化、实现经济人口健康平衡发展的重要指标。

第三，特别重要的是，不仅要考虑一些客观指标，还要考虑到各个地区百姓满意度的主观指标。全面建成小康社会的一个重要要求，应该是百姓主观认知的幸福程度不断提高。而这种主观认知的幸福度，在相当程度上和本地政府的执政业绩有直接的关系。比如说在本地区，如果社会相对稳定，百姓生活比较安定，恶性事件发生得少，那么百姓的认可度就会提高，这是执政的民意基础。这一系列主观指标建议由组织部门与统计部门联合，独立于本地区的行政机构进行调查，这样才能比较客观公正地获得数据。

这些主观指标如果测量适当，并且能够与客观指标相应地综合考虑的话，将能够把百姓的民意与政府的执政更好地结合。这在很大程度上将把西方所谓"民主国家"一些值得借鉴的优点吸纳入中国特色的社会主义国家治理体系中。民主制度的弊病在于民意很容易被政治家操纵，而一人一票的方式往往会走向极端，从而导致社会分裂。特朗普的上台，事实上就加剧了美国社会的分裂。但是，如果用客观的民意调查这种方式，作为考核官员时的辅助指标，应该有利于把社情民意更好地反馈出来，同时改善目前地方领导相对更关注对上负责的倾向。

总之，新时代和新发展理念需要一套新的官员考核体制。这一新的考核体制，要促进未来的经济可持续发展，也要引导各地方的主政官员把精力转移到倾听民意和改善民生上，这样才能够保证党的十九大提出的宏伟目标得以成功实现。

雄安新区发展的关键是制度创新

自雄安新区 2017 年 4 月 1 日成立之后，这一消息引发了社会各界的议论和分析。有一部分观点认为，雄安新区将成为 21 世纪中国经济增长的亮点，其地位类似于深圳和上海浦东新区。这种把雄安新区和深圳、上海浦东新区进行简单比较的观点，恐怕并不符合实际，因为雄安新区的自然地理条件不同于深圳和上海浦东新区，它不靠江、不临海，没有出海口，周边也缺少具有深厚市场经济底蕴的经济中心。因此，希望雄安新区变为 GDP 超万亿元、经济规模与大型城市相媲美的新型城市的想法，恐怕是不切合实际的。

那么，雄安新区的建立可以在哪些方面带来长久性、全局性的影响力呢？笔者认为，雄安新区应该成为 21 世纪中国现代化制度探索的一个重要里程碑。具体来说，其在经济发展、社会治理、生态文明建设的制度探索方面，具有标杆性的创新意义。

经济体制

经过多年的发展，中国市场经济体制已经开始定型，出现了一些在全球范围内值得回顾总结的创新点。但不可否认，中国经济现有的很多制度还必须持续地改革、不断地创新。

首先，在土地管理方面，现有体制过分依赖市场化的土地出让机制，这使得各级地方政府过于依赖土地出让的收入。土地财政的直接后果是地方政府出现短期行为，寅吃卯粮现象非常严重。

同时，土地财政推高了以市场机制为主导的房地产价格，带来了一系列社会后果。为此，雄安新区应该探索一种由政府管理与市场机制紧密结合的土地管理办法，比如说，可以探索一个三级土地和房地产管理模式。第一，政府可以长期持有相当一批房地产物业，通过出租的方式提供给在雄安新区长期生活就业的居民。第二，政府也可以建造一批"小产权"房，按照市场定价的原则卖给在雄安新区长期工作的人群，类似于美国斯坦福大学给自己教授建造的住房。这种住房只能限于在本地工作的人员内部流转。第三，雄安新区的另一部分物业也可以完全面对市场开放，但其前提也是提供给具有雄安新区长期居住证的人员。通过这三种方式，让土地的使用能够长期支持本地的经济发展，避免房地产沦为投资和投机的工具，也为地方财政提供长期的财源。

在公共财政方面，雄安新区应该仔细研究中国香港和新加坡的模式，那就是主要的财政收入应该还是来自企业的纳税，而个人所得税则作为低税率但覆盖面比较广的税种。这样就能使得雄安新区的地方财政与本地经济发展密切联系，让地方政府更加积极主动地扶持本地企业的发展，也使得那些以工资收入为主的中产阶层不至于背负上沉重的个税负担，同时也使得个人所得税变得较为简单而可操作，避免西方发达国家那种以个人所得税为主的模式。事实证明，发达国家这种以个人所得税加房地产税为主的地方财政模式并不成功，因为这使得地方政府与企业的关系相对松散，而且个人所得税也变得极其复杂，让个人所得税体制变成了要给各方政治势力讨价还价和游说的对象，这是美国式公共财政的悲剧。

在经济发展方面，雄安新区也应该积极探索，比如，政府长期持有一部分地方企业非控股的股权，但不是直接控股这些企业。这就相当于新加坡的"淡马锡模式"，那就是政府控制一部分企业的股权，以此加强政府与企业的联系，也为地方政府的发展提供坚实的财政基础，但是政府并不干预企业的运行。

社会治理

在社会治理方面，特别值得雄安新区进行大力的创新。在交通管理方面，公共交通应该成为雄安新区内的交通主体。特别需要强调的是，不同的公共交通方式之间需要进行快速、便利、无缝的接驳，比如，从高铁到地铁到公交车以及公交车站旁边的共享单车，形成一条龙公共交通服务。在私人轿车的管理方面，完全应该采取收取拥堵费的方式，引导居民可以拥有车但是少用车，让真正需要用车的居民能够买得起车且真正需要时也用得起车。雄安新区应该成为交通新区，有专门的智能交通的收费和引导方式。雄安新区应该向汽车限购、限行说不。

在公共治理方面，尤其要探索建立基层政府（如街道）与居民直接沟通的渠道，应该定期召开面向本地居民的公共政策讨论会、听证会，把很多重大公共事务交由居民来表决，部分基层官员岗位可以尝试差额选举；基层性的税收，例如物业税乃至个人所得税，可以交由基层政府管理使用。雄安新区的教育经费应该由新区统一安排，新区内部各个学区之间的教育资源应该相对平衡，避免学区教育质量苦乐不均的情况。

生态文明制度

在生态文明建设方面，雄安新区也应该成为全国的标杆。雄安新区的自然条件并不理想，大气污染扩散能力不强，水资源相对短缺，这将推动雄安新区在自然资源的管理方面建立一套严格的体制。为此，应该由政府设计和引导，建立一套市场机制来合理配置稀缺的自然资源。例如水资源和排污权由市场定价，但是政府要发挥维护市场的作用，严厉打击偷排污水、偷采地下水等违法行为。自然资源的定价按照市场规则，雄安新区内的水价很可能会比周边地区高，而这只是充分反映雄安新区水资源短缺的客观情况，而不应该引发特别的争议。

总之，雄安新区如果能够在经济发展、社会治理以及生态文明制度上进行一些超前的、可推广的制度性创新探索，其将成为国家新一轮现代化制度创新的标杆，从而实质性地加快国家整体现代化进程。

借鉴世界银行经验，改革基础建设投资体制

　　近年来，中国经济的增长速度较之前有了明显放缓。中国经济到底还有没有潜力保持比较快的增长速度？如果有，新的增长点在哪里？应该如何通过改革和创新促进中国经济的新增长点的形成？这是分析当前宏观经济形势必须回答的三个问题。

中国经济仍然有较快增长的潜力

　　要回答中国经济的增长潜力，必须把中国经济当前的发展阶段放到一个大的历史背景中来考察。

　　中国经历了多年的经济快速增长，今天已经成为世界第二大经济体，经济规模比排在第三位的日本超出了将近一倍。尽管如此，我们必须看到，中国当前的人均 GDP 发展水平按购买力平价的汇率计算仍然只有美国的 20%。

　　纵观人类现代市场经济发展的历史，我们会发现，一个经济体的增长潜力有多大，最主要的决定因素是，该经济体与世界上标杆性的发达国家人均 GDP 的差距。近几十年来，在全世界人口总量超

过 1000 万的大国中，美国的人均 GDP 发展水平始终保持最高，是全世界经济发展的标杆。欧洲各国包括德国的人均 GDP 发展水平，按购买力平价（PPP）计算基本上为美国的 80%—90%，日本当前是美国的 70%（曾经达到过 85%），韩国、中国台湾地区也接近美国的 70%。

东亚各经济体追赶美国的历史经验告诉我们，当它们的人均 GDP 与美国差距较大时，追赶的速度是比较快的；接近美国时，步伐就会放缓。其基本原因是，差距大的经济体可以从美国等发达经济体学习先进的技术和商业经营的模式，更可以向发达国家出口，从而提升本国国民的收入水平。

日本的人均 GDP 在第二次世界大战之后达到了美国的 20%，中国台湾地区和韩国的人均 GDP 则分别在 20 世纪 70 年代、80 年代达到美国的 20%，在此之后的 5 年到 10 年间，这些经济体的增速都在 8% 以上（见表 1）。因此，我们应该有充分的信心来预测，中国经济在未来的 5 年到 10 年仍然有接近 8% 甚至超过 8% 的增长潜力。当然，这一潜力需要通过社会经济制度的改善来释放。

从长远来看，中国经济有三大发展优势。一是作为大国经济，中国拥有巨大的腹地，不必过分依赖国际市场。二是中国经济是一个赶超型、学习型的经济，能不断从发达国家学习新的商业模式和技术。三也是最重要的，中国经济与 20 世纪 80 年代末的日本经济不同，仍然有体制创新的原始动力。

中国如果能够持续改进政府的社会综合治理能力、提高司法效率、改进金融体系的效率，长远的增长前景将非常可观。根据我们的测算，到 2049 年，即中华人民共和国成立 100 周年之时，中国的人均 GDP 发展水平（按购买力平价计算）有可能达到美国的 70%—75%，总体经济规模将接近美国的 3 倍左右。根据这一分析，我们应该看到今天中国经济的一些困难是暂时的，中国应该有底气在今天适当地采取一些措施来应对经济增速放缓的态势。这是因为，中国可以通过未来较快的经济增长速度和与此同步上升的国家财力，来弥补当前维系经济增长的一些社会成本。

当前中国经济增速放缓的原因

从本质上讲，当前中国经济增速放缓的主要原因是传统的增长点正在褪色，而新增长点尚未完全爆发。

中国传统的经济增长点有两个，一是房地产，二是出口。21 世纪前十几年，房地产开发及其拉动的相关产业是中国经济增长的第一大动力。房地产开发投资长期以来占到中国全部固定资产投资的 20%、GDP 的 10% 左右。同时，由于房地产行业的特殊性，它不仅拉动着众多相关产业的增长，也带来了巨大的财富效应，让已经买房的家庭在房价不断上涨的同时获得了巨大的财富增值感，因此撬动了相当数量人群的消费。出口则在中国加入 WTO 之后长期保持两位数甚至高达 20% 的增长，2007 年出口占 GDP 的比例达到 30% 以上，外贸顺差占了 GDP 的 8.8%。

但是这两大经济增长点都在逐步褪色。房地产的增长碰到了困难，原因有两个：其一是城市居民的住房需求已经基本得到了满足，97%以上的家庭都拥有了自己的房产，人均住房面积也达到了33平方米，一个三口之家的住宅接近100平方米，而且每年还在上升。其二是由于金融改革的加速，许多家庭可以比较容易地获得5%以上，即超过通胀水平2.5%以上的低风险的、流动性极强的金融投资回报，这改变了居民长期以来形成的、将投资买房作为财富增值保值手段的格局。

同时，出口作为中国经济增长的拉动力已经光环不再。最重要的原因是中国经济的规模已从2009年前的5.1万亿美元上升到2018年的13.6万亿美元，世界这个大市场再也不能提供与中国经济增长同步的进口需求，更不用说中国自身的劳动力成本上升、利率上涨也为出口带来了各种各样的阻力。

中国经济的新增长点在哪里？

既然中国经济仍然有较大的长期增长潜力，那么未来的增长点在什么地方呢？我的分析是，中国经济未来存在三个增长点，这里按照有可能爆发的顺序列举如下。

第一个增长点就是民生性、公共消费型基础建设投资。公共消费型基础建设投资指的是直接进入未来百姓消费的、具有一定公共产品性质的基础建设投资，包括高铁、地铁、城市基础建设、防灾抗灾能力、农村的垃圾和水处理、空气质量的改善、公共保障性住房的建设等等。这种公共消费型投资不同于一般的固定资产投资，因为它们并不形成新的生产能力，不带来产能的过剩。更重要的是，这种公共消费型投资并不完全是提供公共产品，比如说高铁和地铁仍然是谁使用谁受益，具有相当的排他性，并不是全体百姓同时受益。但是这类产品的性质与汽车、冰箱和电视机不同，因为公共消费必须是大量民众一起进行的，比如一趟高铁的消费群是几千人，不可能为一个人开一趟高铁，但是一部手机却是一个人使用的。公共消费品需要大量的前期性投资，从社会福利的角度看，公共消费类的投资尽管商业回报可能比较低，但一旦形成服务能力，可以逐步形成社会福利回报。

为什么说这种公共消费型基建投资是中国经济当前以及未来的第一增长点呢？最根本的原因是这类投资是当前中国百姓最需要的，最能够直接提升百姓未来幸福感。中国的国民，尤其是城市居民，与发达国家国民的生活质量差距，已经不再是电冰箱的拥有量、手机的普及度和质量，乃至于汽车的拥有量和品质，而在于空气的质量、交通的拥挤程度、公共交通的普及度和质量，以及自然灾害来临之时的应对能力。这些本质上属于公共消费水平的范畴。提升公共消费的水平，需要非常长的投资周期，商业回报往往是很低的，需要政府长时间的补贴。但这种投资在很大程度上可以拉动经济增长，就目前情况而言，中国的固定资产投资中约有 25% 用于此类投资，这一比重未来还有提升的空间。值得一提的是，这种投资不仅不会加重产能过剩的问题，反而有助于化解这一难题。

中国经济的第二大经济增长点就是已有生产能力的绿化和升级。中国的制造业从生产能力和产出量上讲已经在全球名列前茅，但是各种生产设备往往是高污染、高能耗的，把这样的产能升级为现代化、有效率的产能，需要投资，这个投资的过程将长期拉动中国的经济增长。根据笔者不完全测算，仅五大耗能行业——有色金属、钢铁、电力、化工、建材，更新一遍高污染、高能耗的产能，就需要 10 年时间，其每年将拉动 GDP 增长 1%。而且，由此带来的低污染和低能耗将令国人长期受益。

中国经济的第三大经济增长点是居民消费。中国居民消费自从 2007 年以后，每年占 GDP 的比重在不断上升，目前已经上升到 54% 左右。

综上所述，中国最有可能在短期内引爆，并且可以长期依赖的最大增长点就是公共消费型投资。

如何催生公共消费型投资这个中国经济第一大增长点？

为了释放中国经济的增长点，最重要的就是找到一条长期稳定、高效的融资渠道。当前地方政府投资主要的资金来源，是银行贷款及与之类似的信托产品，公开发债占比很低。

依赖银行贷款进行长期投资的弊端很多。第一是期限错配，以 3 年或 3 年以下的银行贷款支持 10 年以上的固定资产投资，往往使得地方政府需要不断向银行再融资，而每一轮再融资无论对银行还是政府都有风险。

第二是地方政府面对短期还债的压力，从而过分依赖土地开发，这就像一个紧箍咒，不断逼着地方政府拍卖土地，同时又担心地价下降，导致许多地方政府不能够按照应有的长期规划来进行土地开发。

第三是由于大量的固定资产投资依赖银行贷款，而这些投资具有政府背景，在资金来源上具有优先级，在相当程度上挤压了银行对中小企业的贷款，中小企业往往不得不以很高的利率为代价融资，这就拉高了整个民营经济的贷款利率。

该怎么办？我们必须机制创新，通过创新为长期固定资产投资打开融资渠道。首先应该允许宏观杠杆率有所提高。当前中国的杠杆率，即政府、非金融部门和居民债务余额占 GDP 的比重，约为250%。国际上很多人认为这个比重太高，但是必须注意，中国的国民储蓄率是47%，用这些储蓄去支持占 GDP 约250%的债务没有任何问题。美国经济的杠杆率也是250%，但是美国的储蓄率只有17%左右，更何况，美国还是一个以股权等直接融资市场为主的经济体。

根据这个分析，我们认为，中国经济降低杠杆率的关键是调整债务结构，本质上讲，需要把部分公共消费性基础设施投资由银行贷款转变为低利率的政府性贷款，或由政府担保的借款，由此释放银行贷款潜力，让其更多地为企业服务。

具体说来，第一，应该逐年增加国债的发行量，使国债占 GDP 的比例从当前的16.6%提升到50%。可以用净增发的国债收入建立专门的国家民生建设投资开发公司，类似于国家开发银行，但其功能更加单纯，就是专门评估地方政府的长期固定资产投资资金的使用情况。并设立一个不断滚动的（发新还旧）投资基金，专门用于长期支持民生性项目的投资建设。

第二，已发的、地方政府所借的债务，应该及时地转为地方政府的公开债务（由中央政府担保），但地方政府也需要同时公开自己的财务信息和资产负债表。这样可以形成社会对地方政府财政的监督机制，这也是一个机制的创新。

第三，应该通过资产证券化等方式，逐步降低银行贷款存量占GDP 的比重，如果能从目前的 155% 降低至 100% 的话，将有助于化解银行的金融风险，更可以解决经济增长对货币发行依赖的老大难问题。

换句话说，通过以上运作，可以逐步将货币的部分功能调整为由国债等准货币类金融工具来提供，从而使得金融市场的风险大幅度下降。同时也必须看到，当前由银行发出的基础设施贷款有一定的风险，所以应该允许银行和信贷公司进行一定的重组，允许部分的项目和产品违约，这样才能够给金融系统消毒，逐步地化解系统性金融风险。

总之，中国经济未来仍然有良好的发展前景，而当前能够看到的最大的新增长点就是长期的、可持续性的、民生的、公共消费型的基础设施投资。为了释放这一增长潜力，必须从现在开始在融资渠道上进行创新，要在中国建立大量的国债等准货币金融工具，以比较低利率的长期债券来支持大量的投资，以此打通企业融资的渠道，降低融资成本，为整个中国经济的转型升级奠定坚实的基础。

从德国大众"尾气门"事件看中国国企改革

2015 年，大众汽车爆出重大丑闻：其欺骗美国环保机构，在向北美出售的柴油发动机汽车中安装非法软件，有针对性地降低汽车尾气在检测过程中的污染物，而平时行驶时排放的污染物则超出标准。这一丑闻将带给大众汽车严重的名誉和经济损失，美国司法系统一定会紧抓不放，事件很可能以大众汽车的巨额赔偿告终。

这一事件看上去离中国很远——在中国，柴油发动机在乘用车中极不普及，主要原因是柴油质量不过关，大众等欧系柴油发动机进入中国，往往水土不服，机械很快就会遭到损伤——但是，大众汽车的造假事件对中国而言，尤其是对中国的国有企业改革，却有深刻的启发性意义。

大众汽车造假事件：体制和经营上的深层原因值得反思

我自己对汽车产业，尤其是德国的汽车产业，长期以来非常关注，与主机厂高管也有一些来往。实事求是地讲，大众汽车所取得的成绩值得赞赏。大众不仅在全球企业之林堪称一大强者，业绩有目共睹；更率先洞察到中国市场的重要性和增长潜力，成为第一家与中国企业合资的主要车厂，在中国汽车工业的发展中起到了重要作用。与此同时，大众一直积极参与公益事务，包括捐赠支持中国的教育事业。我们不能因为一次事件就全面否定其贡献。

从我接触的人士看，大众集团的各级工作人员也都非常称职和尽力。此番大众汽车的"尾气门"事件，在我看来，有其长期的制度性原因，根本的问题出在体制上。

在德国，大众汽车集团类似于中国的一汽加上汽再加东风集团，属于准国有性质的企业，具有很强的"进取心"。大众集团长期以来追求全球乘用车第一的皇冠，努力追赶丰田汽车，并终于在 2015 年上半年如愿以偿，销量超过了丰田。

支撑大众赶超丰田、摘取皇冠的，是其不断地扩张。大众集团内一些著名的子品牌，诸如卡车中的 MAN、豪华车中的宾利、超跑中的布加迪威航和兰博基尼、摩托车中的杜卡迪，都是通过一系列令人眼花缭乱的并购而收入麾下的。大众汽车高管经常骄傲地对我说，大众汽车覆盖了所有的汽车门类，已经成为世界第一大汽车集团。无疑，大众汽车在扩张过程中采取了非常积极的策略，有着极强的"进取心"。这种"进取心"体现了上层领导者塑造汽车产业帝国的决心。

反观内部经营管理，身为大型企业集团的大众，内部的等级性、阶层性比较强。相对其他汽车企业来讲，其内部管理运作比较类似政府部门，上级对下级要求比较严格，下级为了完成上级交给的任务必须兢兢业业。这与宝马等公司形成鲜明的对比。宝马公司人力资源部门曾经向我展示他们的企业文化建设大纲，其中要求职工必须有十大精神，排在第一个的就是要有敢于发表不同意见的勇气。

大众公司的"进取心"，从近年来积极大胆地把双离合变速箱（DCT）引进乘用车系列可见一斑。许多汽车业内人士告诉我，这一决策是极其冒险的，因为双离合变速箱技术并不是非常可靠。果然，最近几年出现了因为过热而启动系统保护，致使汽车瘫痪的事故。

此次"尾气门"事件的来龙去脉还在调查之中，但我认为，其中的根本性因素无非是上层提出销售目标，而下级不惜一切完成任务，最终铤而走险去造假。大众集团高层迫切想把柴油技术尽快向北美推广，因为北美市场是大众汽车的软肋，是大众多年以来在销量上难以超越丰田的掣肘因素。上级要求在美国推广柴油技术并不断加码，下级只能尽一切手段完成任务，我想，这应该是对此次"尾气门"事件产生机制最合理的推断。

大众汽车不代表德国模式，宝马才是样板

很多人认为大众汽车是德国制造的代表，而大众集团是德国第一大公司，因此代表着德国制造和德国企业精神。这一点我并不认同。

2015 年，我与德国著名经济学家、罗兰贝格公司创始人罗兰·贝格（Roland Berger）先生一起编著了《中国经济的未来之路：德国模式的中国借鉴》一书，专门探讨了德国的市场经济体制，其中有一章专门谈到德国的企业。我们发现，德国企业的主流群体是家族长期控制、职业经理管理、有企业各层级参与的现代化企业。按照这

一分析，大众汽车其实是一个异类。

大众汽车是一家准国有企业。它总部所在的下萨克森州拥有大众汽车约 20％的股权，而且根据极其复杂的投票权设计，下萨克森州对其股东大会决议拥有投票否决权。再者，从股权结构看，大众汽车长期以来已经没有家族的影响。从大众集团的历史看，大众汽车在德国是一个为国民生产高性价比产品的准国有化企业。

最近几十年以来，大众汽车也不断得到德国政府和高官的关注和重视。德国前总理施罗德就是大众汽车最重要的支持者，他把自己的座驾从奔驰专门改成辉腾，以力挺大众。在大众与中国合资这一问题上，施罗德也极为尽力，但这并不能改变大众不是德国企业主流的事实。

德国企业的典型代表，应该是宝马、汉高、博世这一类家族控制的企业。它们多由家族长期控制、精心管理，但是在管理层面，家族成员并不亲自出面，而是请职业经理人打理，工会和职工则通过监事会制度化地参与管理。这种机制保证了公司具有更长远的目标，而不是追求短期销量，更没有抢占世界第一这种急功近利的想法。在研发方面，这种公司更具有前瞻性，重视根本性、长期性的创新。

德国三大车厂中，大众是准国有化企业，奔驰是美国式的股权极为分散的公众公司，只有宝马由匡特家族掌控。三家公司个性完全不同。大众积极进取，内部管理等级森严，如此酿成今日的错误。奔驰是一个散户大规模持股的上市公司，所以在 20 世纪末，奔驰与克莱斯勒合并，想走一条强强互补的道路，结果非常失败。这一并购案经常被德国企业界评论，有人挖苦说，奔驰之所以这么做，就是因为高层想学美国，通过与美国的公司合并，获得超高的工资和奖金。的确，德国三大车厂中，奔驰老总的工资远比其他公司要高。

相比之下，三大车厂中，宝马更能代表德国企业的主流。过去几年来，宝马已经超越奔驰，成为豪华车销量上的领跑者。这家典型的德国家族企业，由匡特家族于第二次世界大战以后精心管理，招聘专业人员从事第一线管理，但是家族绝不是袖手旁观，在重大问题上，家族总是站在公司长远发展的角度，精心研判。更重要的是，宝马通过鼓励内部职工大胆创新，提出不同甚至与上级相左但有利于公司长期发展的意见，不断超越自己。

在技术创新领域，宝马最近几年的表现令人刮目相看。比如，过去宝马把后轮驱动作为立身之本，但其最近已经宣布开始生产前轮驱动车；宝马并购 Mini 和劳斯莱斯的运作之高超、定位之精准，也令人赞叹；再有，宝马汽车过去恪守的是自然吸气，但是看到节能减排是大趋势，就迅速转向涡轮增压，又从涡轮增压转向用碳纤维打造电动汽车，再推出电动摩托车，这一系列运作，颇让人佩服其创新力和前瞻性。

宝马与大众不同，它并不一味追求市场占有率，盲目扩张市场份额，而是认真把握自己的市场定位。我与宝马高层交流时，他们反复询问我一个问题：宝马在中国销量如此快速的增长，会不会伤害宝马品牌的含金量，会不会抑制宝马未来的成长。不管答案如何，能有这样长远的考量就十分难得，这与家族长期谨慎控制是密不可分的。

另一家经营状况非常好的德国企业——博世，比宝马的家族控制色彩更浓。这家企业由博世家族长期控制，坚持不上市，注重永续发展，把创新搁在第一位，拥有大量的研发和技术后备。虽然全球各车厂之间的竞争十分热闹和激烈，但在核心技术和零配件方面，博世却远远超越竞争对手，独步天下。这种超然的地位与它秉持长远眼光、坚持研发、不为短期利润波动所左右是密不可分的。

同样的德国企业还有汉高和很多不为中国百姓所熟知的家族企业，它们才是德国制造的精髓。

世界资本主义进入 3.0 模式

2015 年 7 月底，我到美国进行了一番比较系统的调研，参加了很多研讨活动，其中一个深刻的印象是，全球资本主义模式正在发生变化。

如果说早期亚当·斯密时代的家庭作坊式企业是资本主义市场经济发展中的第一代企业模式；那么到了 20 世纪初，大规模出现的上市公司由于迅速聚集社会资源，形成可观的生产能力，可以看作资本主义企业发展中的第二代形态。而通过这次调研，我明显感到，资本主义发展模式的第三阶段已经到来，那就是通过华尔街等代表的金融资本，长期而不是短期持有实业企业。

华尔街资金在 20 世纪 80 年代之后的典型运作手法是，通过私募股权基金并购和买卖企业，在短期推高企业股价，获得巨额盈利。而今，这个时代正在过去，取而代之的是资本主义 3.0 模式，那就是一批金融资本，反复、仔细寻觅有潜在成长价值的上市或未上市的公司，通过长期持有、控制这些实业企业，帮助其长期提升价值，而企业经营则由专业人员打理。这种模式与德国家族长期控制、专业人士管理的模式不谋而合。

在我看来，这是市场经济发展的一个新的趋势。在华尔街有一个投资者对我讲，自己手里控制着很多家有长期投资价值的企业，很多人想以100％或200％的溢价购买其股票，他都不愿意出让，因为他的目标是这些企业的长期盈利。

对中国国企改革的启示

中国的国企改革将向何处去？我认为，未来的中国应该扶持一批家族专注于长期战略管控、职业经理直接经营的企业。国家可以在资本层面入股这样的企业，但是不直接参与战略规划和日常经营。通过这种模式，中国应该能产生出宝马这样的世界一流企业。

日本在这方面有负面经验。日本的衰落很大程度上在于其家族企业难以延续。比如松下、丰田、尼桑、日产等公司，家族的控制力非常弱，甚至荡然无存，这与第二次世界大战后日本盲目采取了美国人强制推行的遗产法有关。在日本，遗产税非常高，导致家族根本无法传承自己的财富。德国虽然有遗产税，但我们研究发现，德国的遗产税对家族企业绝对是网开一面的，只要家族持续经营一个企业十年以上，由上一辈传给下一辈的经营性资产可以不交任何遗产税。

在中国，今天有一大批由家族控制的企业，如新希望等。这些企业能否长期发展，关键在于下一代人要继承上一代人的企业家精神，长期专注于经营。而为鼓励这些企业的长期经营，在遗产税方面必须网开一面。一个家族长期经营一个企业，是对社会最大的贡献，相反，这个家族如果将企业卖掉，转为金融性资本甚至消费性资本，如大宅院、豪车，这将是社会极大的损失。

柳传志先生曾在不同场合反复提到他的梦想是把联想打造成没有家族的家族企业。我个人认为，这一说法也许过于谦虚了。联想未来要长期发展，客观上讲，需要一个家族长期在战略上把控，同时团结一大批专业经理人共同打造、员工部分参股。联想集团可以不姓柳，但是应该让一部分家族进来，维系其长期发展。这样的家族应该是兢兢业业、勤勤恳恳、生活检点、专注于自己的企业而非政治或社会的，他们应当是民族经济发展的栋梁。国有资本应该参股这样的企业，打造国家公共财政的基础。

这就是大众汽车"尾气门"事件给我们的启示。

替子孙后代把关今天的城镇化

城镇化已经被看作中国未来经济发展最大的动力，城镇化寄托了中国经济和社会发展的种种期待——经济增长的动力、百姓民生的改善、提高消费改善结构等等，可以说，当今中国经济把增长结构和效益的改善都放在城镇化上。但是，在这一备受瞩目的重大课题上，有一大批沉默的、不能参与讨论的利益相关者，他们就是我们的子孙后代。

城镇化是改变中国经济面貌的大事，是改变中国经济地理和国土面貌的大事，更是不可逆转的大事。今天走出什么样的城镇化道路，将会不可逆转地改变中国经济和社会的未来。因此，从好的方面讲，城镇化是中国经济和社会发展千载难逢的机遇，如果城镇化可以谋划得好、推进到位，它将使中国的经济结构变得相对合理，乃至领先于当前的发达国家；相反，如果城镇化进行得不好，则将使中国经济和社会背上沉重的包袱。

城镇化决策必须着眼子孙后代利益

即使当今已经实现现代化的各国，在城镇化问题上也不一定走出了最佳的道路。

在美国，西海岸的大型城市旧金山以及特大型城市洛杉矶，在美国人自己的眼中并不是最优的城市形态，其占地面积过大，人口过多，耗水量极大，交通成本高昂，在过去相当长时间内，也饱受空气污染的痛苦。这一切都表明，美国很多大城市发展的模式并非最优。

在欧洲，过去 500 年以来，城市的发展格局基本上没有改变，500 年前的小城镇今天大部分依然是城镇。以欧洲人口密度相对较高的自然禀赋而言，这种格局不一定是最优的。这导致人口居住相对比较分散，而城市外部供市民远足、探险、探寻大自然的空间比较有限，土地的开发力度显得相对比较高。

对于中国而言，虽然整体国土面积较大，但是大量的国土并不适合居住，甚至也不适合从事农林牧等经济活动。

在诸多复杂的条件下，今天的城镇化与人口政策也许是中国整个现代化进程中影响最为长远的重大战略决策。在城镇化和人口问题上，我们必须站在几百年后的子孙后代的立场上来考虑问题，眼光必须长远，不能仅仅局限于当今社会。

城镇规模宜相对集中，布局应重在沿海与华南

那么，站在几百年后中华民族子孙后代的立场上来看待今天的城镇化进程，有哪些值得我们高度关注的重大课题呢？

第一个重大课题，是城镇化的相对集中度问题。

从生活在今天的中国百姓的角度看，一般是希望居住得宽松一点，由此也会导致城市的占地面积增加。但是从更长远的角度来看，人类的经济和社会活动对环境的影响应该越小越好，只有这样，整个环境对人类的支撑度与和谐度才能提高。因此，如果从最长远的角度考虑问题，城市的规模应该集中一点，城市内部的人口密度也应该相对提高一点，这才会使得人类活动对自然的影响少一点。与此同时，随着未来劳动生产效率的不断提高，城市居民会有越来越多的闲暇时间，他们完全可以利用这些时间更多地走出城市，到郊外包括遥远的荒野去更亲密地接触大自然。

按照这个原则，中国香港的整体城镇化发展模式是有借鉴意义的。在中国香港，仅仅有 15%—20%的土地是开发的，余下 80%的土地都未开发，基本处于自然状态。与此模式相比较，欧洲大陆模式也未必是符合人类长期发展的最佳城镇化选择。

美国国土面积超大，人口数量极低，自然条件总体非常优越。因此，城市发散型发展、面积无限制地膨胀，尽管往往给城市居民的生活带来了不便，但总体来看，并没有在很大程度上影响其长期的环境质量。其模式在地少人多的中国不见得适用。

第二个重大课题，是城镇化的布局问题。

按照人类活动对环境影响较小、城市密度相对较大的原则，城镇化的布局应该集中在比较适合于人类经济社会活动的地区。

过去 200 多年来，在工业化时期，尤其是后工业化时期，人类社会生活的格局出现了明显的变化。工业革命前，由于科技和技术的限制，以及对居住环境、温度调节能力的不足，世界主要的城市都集中在温带和寒带。因为在这些地区，夏天传染病相对比较少，而由于人类早已掌握保暖御寒的种种技术，冬天也可以很好地生存。

后工业化时代，人类已经掌握了控制大多数传染病的医学知识和技术，也完全掌握了空调技术，因此，现代社会的基本趋势是人口朝着亚热带甚至热带地区聚集。在这些地区，人均寿命也比较高。这是因为，寒冷的冬天对于人类情绪往往有负面影响，对高血压、糖尿病等现代病的康复十分不利，从而会直接降低人均寿命。

具体到中国的城镇化大规划，应该更多考虑在沿海和南方地区发展大城市。沿海和南方，相对于西北部和东北部更加适合人类居住，因此，在这一带适当增加城镇化的规模和力度，能够减少其他地区经济发展对环境的压力，从国家整体布局上讲是符合经济和环保基本规律的。传统的观念是全国人口布局要平均，这种看法是不符合现代社会发展理念的。现代战争条件下的国防依赖的是高等科技，与人口布局的关系日益疏远。

在长远规划的基础上柔性地推进城镇化

如果同意以上城镇化的分析，那么中国的城镇化进程应当如何推进呢？

第一，要从整体上规划，成立国家层面的城镇化发展战略委员会，类似于全面深化改革领导小组，它具有超越部门、超越地区的高度权威性，保证一个规划执行到底，坚持几十年不变。

第二，要尽量采取柔性的市场化方法，而避免以简单粗暴的行政干预手段来影响城镇化进程。当今中国社会已呈现利益多元化的格局，百姓日益崇尚经济自由、迁徙自由和言论自由，因此也不可能再以传统的强制办法来压迫人口的迁移和城镇的发展，而应当采取市场机制进行引导。比如说不同地区的水价、电价、能源价格可以不一样，再比如若干生态环境不适合于长期发展，同时已经过于拥堵的地区，应该容忍其房价较高。这些地区较高的房价，实际上就是一种限制人口继续过度涌入的机制。

第三，要用产业的发展规划来引导人口发展。经济学研究的机制告诉我们，影响城镇化发展的因素有两个，除了气候因素、生活条件之外，另一因素就是就业。而就业又跟产业密切相关。在一些资源、环境不支撑其持续发展的地区，应当通过市场的办法，如电价、水价来控制其产业规模，从而限制城镇的规模。

总之，今天在城镇化问题上，应当站在中华民族子孙后代的立场上谋划，在最高层面规划，尽量采用市场化的方法来柔性地推进整体规划的执行。如果中国能走出一条经得住历史考验的城镇化之路，将是中国对世界现代化的重大贡献。

责任编辑：曹　春　李琳娜

封面设计：汪　莹

图书在版编目（CIP）数据

百年变局下的中国经济／李稻葵 著 . —北京：人民出版社，2020.6

（2022.4 重印）

ISBN 978－7－01－021818－2

I.①百… 　 II.①李… 　 III.①中国经济－研究 　 IV.① F12

中国版本图书馆 CIP 数据核字（2020）第 066532 号

百年变局下的中国经济
BAINIAN BIANJU XIA DE ZHONGGUO JINGJI

李稻葵　著

人民出版社 出版发行

（100706　北京市东城区隆福寺街 99 号）

北京汇林印务有限公司印刷　新华书店经销

2020 年 6 月第 1 版　2022 年 4 月北京第 5 次印刷

开本：710 毫米 × 1000 毫米 1/16　印张：17.25

字数：230 千字

ISBN 978－7－01－021818－2　定价：60.00 元

邮购地址 100706　北京市东城区隆福寺街 99 号

人民东方图书销售中心　电话（010）65250042　65289539